U0720739

基于职业导向的高校英语教学改革策略研究

堵楠楠 ◎ 著

九州出版社
JIUZHOUPRESS

图书在版编目（CIP）数据

基于职业导向的高校英语教学改革策略研究 / 堵楠楠著. -- 北京 ：九州出版社，2023.9
ISBN 978-7-5225-2256-2

Ⅰ．①基… Ⅱ．①堵… Ⅲ．①英语－教学研究－高等学校 Ⅳ．①H319.3

中国国家版本馆CIP数据核字(2023)第190775号

基于职业导向的高校英语教学改革策略研究

作　　者	堵楠楠　著
责任编辑	王丽丽
出版发行	九州出版社
地　　址	北京市西城区阜外大街甲 35 号 (100037)
发行电话	(010)68992190/3/5/6
网　　址	www.jiuzhoupress.com
印　　刷	北京俊林印刷有限公司
开　　本	710 毫米 ×1000 毫米　16 开
印　　张	11.75
字　　数	220 千字
版　　次	2023 年 9 月第 1 版
印　　次	2023 年 9 月第 1 次印刷
书　　号	ISBN 978-7-5225-2256-2
定　　价	68.00 元

★版权所有　侵权必究★

在当前的社会发展背景下，高等教育越来越倾向于职业导向的转型。英语教学作为高等教育的一部分，也面临着同样的挑战：如何融合职业教育的理念，更好地适应社会职业需求的变化，满足学生的实际学习需求。本书以此为切入点，特别关注基于职业导向的高校英语教学改革。

本书首先对我国高校英语教学现状进行深入的梳理与分析，揭示了高校英语教学在内容、方法、评价体系等方面存在的问题，进而引出职业导向的教学理念，详细阐述了职业导向的理论基础及其在高等教育中的重要作用。在此基础上，进一步探讨了如何基于职业导向对高校英语教学内容进行改革，并提出了一系列教学方法的改革策略，力图为实践提供参考。对于评价体系的改革，本书也进行了深入的剖析，并为高校英语教师的角色转变提供了具体的路径。在未来视角的讨论中，本书探讨了信息技术在职业导向高校英语教学中的应用，如何培养学生的终身学习能力，以及校企合作带来的机遇与挑战等问题。

期待本书能为英语教师、教育研究者和学校领导提供有益的参考和启示，助力我国高校英语教学改革的进程，以更好地满足社会职业需求和学生发展需求。

最后，对所有支持本书创作的人表示衷心的感谢，祝阅者收获丰富。

目录
CONTENTS

第一章 引 言

第一节 研究背景

一、研究的时代背景：国家对职业人才的需要

在我国，政府非常重视职业人才的培养。这一政策导向不仅体现在对经济发展需求的响应，产业结构升级的推动，以及国际竞争力提升的需要，还明确指向了大学英语教学改革的必要性和紧迫性。

为了满足社会经济发展的需求，政府推动各类教育，特别是大学教育，从知识传授的重心转向能力培养，从书本理论转向实际应用，以更好地培养出适应社会需求，具备创新能力和实践技能的人才。在这个过程中，以就业为导向的大学英语教学改革成了一个重要的议题。

随着产业结构升级和经济全球化的进程，对高素质、专业化的职业人才有着更高的要求，尤其是其语言交际能力和国际视野。这为以就业为导向的大学英语教学改革提供了必要的社会背景。同时，国家出台了一系列政策来推动职业导向的教学改革，如加大对职业教育和技能培训的投入，推动产学研合作，强调校企合作，以及建立和完善职业人才的培养和评价体系，提升职业人才的质量和能力。这些政策为以职业为导向的大学英语教学改革提供了制度支持。

二、研究的社会背景：高等教育的扩招与就业市场压力

随着过去几十年全球范围内高等教育的大规模扩张，包括中国在内的许多国家和地区都经历了大学生数量的急剧增加。这一变化给高等教育乃至整个社会的发展带来了新的挑战和机遇。其中，就业市场成为一个关键的领域，因为每年的毕业生数量大大超过了社会可以提供的就业岗位数量，从而使大学生面临着巨大

的就业压力。

高等教育的扩张是为了满足社会对高素质人才的需求，并提供更多的机会让更多的人接受高等教育。这在一定程度上促进了社会的人力资源开发和经济发展。然而，随之而来的是就业市场供需不平衡的问题。大量的毕业生涌入就业市场，但可提供的岗位数量有限，尤其是高薪和高级职位的机会相对稀缺。这导致了激烈的就业竞争和就业压力。

在这样的情况下，大学生面临着寻找工作的困难和就业不确定性。他们需要具备更多的竞争优势和职业技能来脱颖而出。仅仅拥有学位或一般的专业知识已经不再足够。企业更加注重应聘者的综合素质、实践经验、创新能力和跨文化交际能力。因此，大学生需要通过培养全面的能力和职业素养来应对就业市场的挑战。

此外，就业市场的压力还导致了大学生职业规划和发展的重要性的增加。大学生需要更加积极主动地进行职业规划，了解不同行业的需求和发展趋势，提前为自己的职业发展做好准备。同时，他们也需要不断学习和提升自己的能力，适应不断变化的就业市场和职业环境。

为了更好地应对这一挑战，高校需要与就业市场密切合作，提供适应性强的教育和培训，为学生的职业发展提供更好的支持。此外，培养学生的综合素质、实践能力和创新能力，使他们具备更好的竞争力和适应力，也是应对就业市场压力的重要途径。[①]

三、研究的现实背景：高校英语教学的重要性与挑战

英语作为一种国际通用语言，在全球化时代具有重要的地位。无论是商务交流、学术研究还是跨文化交流，英语都是不可或缺的工具。掌握良好的英语能力可以为学生打开更广阔的国际交流和就业机会。在高等教育中，英语教学对于培养学生的综合素质、跨文化交际能力和专业技能至关重要。通过英语教学，学生可以获得丰富的知识资源，了解国际前沿科技、学术研究和文化发展，拓宽视野，提高自身的学术能力和全球竞争力。

传统的高校英语教学方式往往更侧重于语言知识的学习，而忽视了语言应用技能的培养。这使得许多学生毕业后在实际工作中难以有效地运用英语。他们可能在听说、读写等方面存在较大的困难，无法进行流利的口语表达和文档撰写，

---

① 陈晨，刘梦依. 以就业为导向的高校英语课程教学改革探究 [J]. 产业与科技论坛，2022（5）：133-134.

限制了他们在职业发展中的竞争力。另一个挑战是英语教学与职业发展的融合。学生需要在英语学习中获得实际应用场景和专业技能的培养，以适应不断变化的职业环境和需求。然而，传统的英语教学往往缺乏与职业发展紧密结合的教学内容和实践经验，导致学生在毕业后面临职业转型和适应的困难。为了应对这些挑战，基于职业导向的高校英语教学改革提供了一个解决方案，将通过英语教学与学生的职业发展需求相结合，培养学生的实际应用能力和职业素养，可以使他们在毕业后更好地运用英语，适应职业发展的要求。①

通过以上的背景分析不难看出，基于职业导向的高校英语教学改革策略研究不仅具有理论意义，而且具有重大的实践价值。

第二节 研究的目的与意义

一、研究目的

本研究的目的主要有两个。

首先，要探索如何将英语教学与学生的职业发展需求相结合，以培养具备全面素质、跨学科能力及职业技能的英语人才。这包括对基于职业导向的高校英语教学改革进行深入研究，旨在创新教学内容、方法及评价体系，以更好地满足学生在职业发展中的实际需求。

其次，是促进高校英语教师的角色转变和专业发展。因为职业导向的教学模式对教师的角色和能力提出了新的要求，教师需要具备跨学科知识、教学创新和职业咨询能力。因此本研究也致力于为教师提供支持和指导，以帮助他们适应新的教学理念和实践要求。

二、研究意义

基于职业导向的高校英语教学改革研究具有重要的意义和价值。

---

① 张建华，梅彩琴.对基于就业导向的大学英语教学改革模式的探究 [J].农家参谋，2018（2）：154.

（一）基于职业导向的高校英语教学改革可以提高学生的职业竞争力和就业能力

1.培养英语实际应用能力

传统的英语教学主要注重语言知识的学习，缺乏与实际应用相关的培养。而基于职业导向的教学改革则注重将英语应用于实际情境中，培养学生在工作和职业生涯中实际运用英语的能力。通过模拟职场场景、项目实践、案例分析等教学方法，学生可以更好地了解职业环境和需求，培养解决问题、沟通协作、创新思维等实际应用能力。

2.培养学生的职业素养

职业素养是指学生在职业发展过程中所需要的品德、态度、价值观和职业道德。基于职业导向的教学改革注重培养学生的职业素养，如职业道德、团队合作、领导力、自我管理等方面的能力。这些素养在职业发展中起到至关重要的作用，帮助学生更好地适应职业环境，与同事合作，解决问题，并展示出良好的职业形象。

通过注重实际应用能力和职业素养的培养，学生能够更好地适应职业发展和就业市场的需求，增加就业机会和职业发展的成功率。

（二）该研究对于推动高等教育的创新和发展具有重要作用

1.提升高校英语教学质量

基于职业导向的教学改革注重将英语教学与实际应用相结合，强调学生的实际能力培养和职业素养的培养。通过创新教学方法、设计实践项目、引入行业案例等方式，可以提升高等教育的教学质量。学生通过实际操作和实践，能够更深入地理解和掌握英语知识，并能够将其应用于实际工作中。这种教学改革可以提高学生的学习动力和学习效果，促进他们的综合素质和能力的全面发展。

2.促进学校与社会产业互动

基于职业导向的教学改革使学校与社会产业之间建立起紧密的联系和互动。学校可以与相关行业、企业和组织合作，了解行业需求和发展趋势，并将其纳入到教学内容和实践活动中。这种紧密的合作可以帮助学校更好地了解社会的需求，调整和优化教学内容，培养与国家经济发展需求相适应的高素质人才。同时，学校还可以为社会产业提供专业人才和研究成果，促进产学研合作，推动创新和技术进步。

（三）研究的成果可以为高校英语教学改革提供理论支持和实践指导

1.理论支持

研究基于职业导向的教学模式、教学内容、教学方法和评价体系等方面的问题，可以为高校英语教学改革提供理论支持。通过深入研究相关理论和实践经验，可以明确教学改革的目标、原则和理念，指导教师的教学实践。研究成果可以为教师提供关于如何将职业导向理念融入教学过程、如何设计与实际应用相关的教学内容、如何采用有效的教学方法等方面的指导，提供理论基础和方法论支持。

2.实践指导

研究成果还可以为高校英语教学改革提供实践指导。通过对实际教学案例和实践经验的研究，可以总结出有效的教学策略和方法，指导教师的实际教学工作。研究成果可以提供具体的教学操作步骤、教学资源和教学材料等，帮助教师更好地开展基于职业导向的英语教学。此外，研究成果还可以为高校制定相应的教学改革方案和政策提供依据，促进改革的顺利实施。

3.教学改革的推动

研究成果可以促进高校英语教学改革的推动。通过对基于职业导向的教学模式、内容和方法的研究，可以提供有力的证据和数据支持，证明这种教学改革对学生学习和职业发展的积极影响。这样的研究成果可以增强相关部门和教师对教学改革的信心，推动学校更广泛地采用基于职业导向的英语教学模式，并为教学改革提供更多的资源和支持。

综上所述，基于职业导向的高校英语教学改革研究的目的在于提高学生的职业竞争力和就业能力，促进高等教育的创新发展，为教师提供指导和支持，并推动教学改革的实施。这对于个体学生的成长和发展、高等教育的质量提升以及国家人才培养战略的实施都具有重要的意义。

第三节　研究方法与结构

一、研究方法

本研究主要使用了混合方法研究，结合定性和定量的研究方法以全面深入地研究问题。

1.文献研究：在早期阶段，本书进行了广泛的文献研究，包括了对国内外相关论文、报告、政策和教育理论的深入阅读和分析。这一过程提供了对于当前问题的背景理解和理论框架的建立。

2.实地观察：通过实地观察教师的教学过程和学生的学习情况，可以了解基于职业导向的教学在实际教学中的应用情况和效果。观察包括课堂观察、教学材料分析和学生作品评估等。通过详细记录观察结果和分析数据，可以对教学实践进行评估和改进，并提供对教师和学生的指导和建议。

3.深度访谈：本书选择了部分教师和学生进行深度访谈，以获取更具体的信息和个体观点，对于问卷数据进行解释和深入理解。

4.比较研究：研究参考了全球范围内的各种实践和案例，探讨了其他国家和地区在高等教育和英语教学改革方面的经验和教训，以期寻找可借鉴的策略和方法。

5.策略分析和建议：在研究的最后阶段，基于前面的文献研究、比较研究等，对基于职业导向的高校英语教学改革策略进行了深入的分析和讨论。本书也提出了一些具体的改革建议，以帮助相关政策制定者和教育工作者更好地理解和应对当前的挑战。

二、内容结构

第一章，引言。介绍了研究的背景、目的、意义，以及研究方法和论文结构的概述。

第二章，高校英语教学现状。概述了高校英语教学的现状，包括全球视角下的情况以及我国高校英语教学存在的问题和挑战。

第三章，职业导向的含义与价值。探讨了职业导向的定义和理论基础，以及在高教中的作用和与英语教学的关系研究。

第四章，基于职业导向的高校英语教学内容改革策略。分析了教学内容改革的理论与需求分析，提出了基于职业导向的教学内容改革策略，并讨论了基于职业导向的高校英语教材建设。

第五章，基于职业导向的高校英语教学方法改革策略。讨论了教学方法的现状与改革的必要性，提出了基于职业导向的教学方法改革策略，并探讨了具体的实施方法。

第六章，基于职业导向的高校英语教学评价改革策略。概述了英语教学评价的概述，分析了高校英语教学评价中存在的问题，提出了基于职业导向的英语教学评价改革措施。

第七章，基于职业导向的高校英语教师角色转变。探讨了现代高校英语教师的角色演变，分析了基于职业导向的教学理念对教师角色的影响，提出了教师角色转变的具体策略和实践路径，同时讨论了基于职业导向的高校英语师资力量建设。

第八章，面向未来的高校英语教学改革策略。展望了未来的高校英语教学改革策略，包括信息技术在职业导向高校英语教学中的应用、培养学生终身学习能力的策略，以及校企合作的机遇与挑战。

通过这样的结构安排，论文全面地介绍了高校英语教学改革的背景、目的和意义，探讨了基于职业导向的教学内容、方法、评价和教师角色转变的策略，同时展望了未来的发展方向。这样的结构使得论文内容有机地连接起来，逻辑清晰，有助于读者对高校英语教学改革的全貌有更深入的理解。

第二章 高校英语教学现状

第一节 高校英语教学概述

一、何为英语教学

教学是一个复杂且有深度的过程，这个过程在人类社会的演变和发展中始终扮演着关键的角色。最初，教学并没有作为一个单独的实体被人们认识，而是与日常生活融为一体。然而，随着社会的进步和演变，教学逐渐脱颖而出，成为一个独立的领域，对我们的生活和生产方式产生深远影响。

对于教学的理解，存在以下多种不同的观点：

有些人把"教学"解读为"教授"，即教师将知识传递给学生。这个观点主要从教师的角度看待教学。另一些人则更看重学生的学习，他们认为教学是在教师的引导下，学生自我学习和发展技能、品格的过程。还有观点认为教学是教师和学生共同参与的行动，教师和学生共同推进教学目标的达成。在这个过程中，教与学是相互依赖、不可分割的。最后一种观点认为，教学是教师教给学生如何学习，重视教学过程中学习方法的传授，从而培养学生的自主学习能力。

在英语教学的过程中，教学有以下几个关键的功能：

组织角色：教学的目的是以有目的、有计划的方式进行知识和经验的传递，以保证教学活动的流畅和有序，提高教学效率。

知识整合：英语教学需要科学地选择内容，组织教材，使得学生能够系统地学习，优于学生随意选择知识的方法。

学习引导：英语教学是教师精心引导学生学习的过程，帮助学生解决学习中遇到的问题，选择最佳的教学方式，确保学生的学习顺利进行。

全面发展：英语教学不仅是知识的传递，还包括能力的提升、个性的发展和道德的塑造，以实现学生全面的发展。

总的来说，英语教学是一个目标明确、有计划的教与学的过程，通过教师的指导，学生能够学习和掌握英语知识，提高他们的英语应用能力，并在个性和品德方面实现全面发展。

二、高校英语教学的目的

（一）满足社会需求

1.适应国际化的工作环境

随着全球化趋势的发展，英语已成为跨越国界进行商务、科技交流和合作的桥梁。在这样的背景下，高校英语教学的目标是帮助学生适应这种国际化的工作环境。为了达到这一目标，高校英语教学不仅要让学生掌握基本的英语听说读写能力，还要引导他们了解各种跨文化的商务交流规则和习俗，提升他们的跨文化交际能力。此外，鉴于专业英语在工作中的重要性，高校英语教学也需要对学生进行专业英语的训练，如商务英语、法律英语、医学英语等，使他们在未来的职场上更具竞争力。

2.为跨文化交流和合作提供语言基础

在当前的全球化背景下，跨文化交流和合作变得越来越重要。这不仅涉及商务和政治领域，也涉及科学研究、教育交流、社会事务等多个领域。在这些跨文化交流和合作中，英语通常被视为共同语言，是人们理解彼此、传递信息、解决问题的关键工具。因此，高校英语教学的另一个重要目标是为学生提供这种跨文化交流的语言基础。具体来说，这涉及教学内容的国际化，如引入来自不同文化背景的阅读材料，开展模拟国际会议等活动；同时，也涉及教学方法的创新，如采用真实的跨文化交流场景进行角色扮演，使用在线交流工具进行国际合作项目等。这样的教学旨在让学生在真实的跨文化交流环境中实践英语，从而提升他们的语言技能和跨文化交际能力。

（二）实现人才培养目标

1.提升学生的英语语言能力

对于高校英语教学而言，提升学生的英语语言能力是一个基本且核心的目标。其中不仅包括基础的语言技能，如听、说、读、写和翻译，还包括各种应用技能，如论文写作、报告演讲、商务沟通等。

英语语言能力的提升不仅需要大量的语言输入和输出，还需要学生对英语语言结构和规则的深入理解。因此，高校英语教学需要采取多种方式和方法来帮助学生提升英语语言能力。例如，通过课堂教学，教师可以为学生提供大量的英语听力和阅读输入，通过讲解和讨论，帮助学生理解和掌握英语语法和词汇；通过作业和考试，教师可以促使学生进行大量的英语写作和翻译输出，通过修改和反馈，帮助学生提升英语表达和写作能力；通过小组讨论和演讲活动，教师可以提供英语口语的实践环境，通过模拟和反馈，帮助学生提升英语口语和演讲能力。

同时，高校英语教学还要注重学生的个性化和差异化教学，为每个学生提供适合自己的学习路径和方式，帮助每个学生根据自己的需求和目标，提升自己的英语语言能力。例如，对于英语基础较弱的学生，教师可以提供更多的基础训练和辅导，帮助他们提升基础能力；对于英语基础较好的学生，教师可以提供更多的拓展学习和挑战性任务，帮助他们提升高级能力。

2. 发展学生的批判性思维和创新能力

高校英语教学的目标不仅是提高学生的英语技能，还包括培养学生的批判性思维和创新能力。这两项能力对于学生未来的学术研究和职业发展都至关重要。

批判性思维指的是能够独立思考、理解问题、分析论证并得出结论的能力。这需要学生具备清晰的逻辑思维，能够理解和解析论述，评价论证的有效性，辨别真实性和偏见，并据此进行决策或得出结论。在英语教学中，教师可以通过多种方式培养学生的批判性思维，例如，让学生读取并分析一篇观点鲜明的英文文章，理解其论点和论证，评价其有效性和偏见，然后用英语写出自己的观点和理由。

创新能力指的是能够提出新颖观点、解决问题的新方法或创造新事物的能力。这需要学生具备开放的思维方式，愿意尝试和接受新事物，能够联想和创新。在英语教学中，教师可以通过多种方式培养学生的创新能力，例如，让学生参与一个需要英语沟通和协作的创新项目，鼓励他们提出和实现自己的创新想法，然后用英语展示和解释他们的创新成果。

在实现这个目标的过程中，教师需要提供一个开放和尊重的教学环境，鼓励学生提出和分享自己的想法，欣赏和尊重他们的独特观点和创新做法，引导他们独立思考，勇于挑战，善于创新。

3. 培养学生的跨文化交际能力

在全球化的今天，跨文化交际能力已经成为一项重要的素质。高校英语教学的目标之一就是培养学生的跨文化交际能力，使他们能够在不同文化背景下进行有效的交流与合作。

　　跨文化交际能力不仅包括语言能力，更重要的是对不同文化背景、价值观念和行为规范的理解与尊重。在英语教学中，教师可以通过教授不同国家和地区的文化背景，介绍与英语相关的国际礼仪和习俗，让学生理解并尊重不同文化，从而提升他们的跨文化交际能力。

　　例如，教师可以引入一些英文的原版电影、音乐、书籍和报告等资源，让学生在真实的语境中了解和体验不同文化；可以组织一些角色扮演或模拟交际的活动，让学生在实践中学习和运用跨文化交际的技巧；也可以引入一些国际项目或交流活动，让学生有机会与来自不同文化背景的人进行交流和合作，从而提升他们的跨文化交际能力。

　　同时，教师需要在教学中传递尊重和理解不同文化的价值观，鼓励学生开放心态，接纳和欣赏文化多样性，提升他们的全球视野和国际素养，使他们成为具备国际视野和人文素养的世界公民。

　　4.培养学生的职业素养

　　在现代社会，拥有良好的职业素养不仅可以帮助学生在就业市场中脱颖而出，还能在未来的职业生涯中取得更大的成功。高校英语教学的目标之一就是培养学生的职业素养。

　　职业素养包括了多方面的内容，比如专业知识与技能、沟通与协作能力、问题解决能力、道德与伦理意识等。在英语教学中，教师可以借助多种方式来培养这些职业素养。

　　例如，教师可以设置具有职业场景的学习任务，让学生在完成这些任务的过程中积累相关的专业知识与技能，如商务英语写作、英语报告演讲等。同时，通过小组讨论、案例分析、项目合作等活动，学生可以锻炼自己的沟通与协作能力，提高解决问题能力。

　　另外，教师还需要注重培养学生的道德与伦理意识，如诚实守信、尊重他人、负责任等。这可以通过设定有关道德伦理的话题讨论、案例分析等方式实现。

　　总的来说，培养职业素养是高校英语教学的重要目标之一，这将帮助学生提高自己的综合素质，更好地适应未来的职业发展需求。

三、高校英语教学的特点

（一）知识性与技能性相结合

高校英语教学的特点之一是知识性与技能性的相结合。这意味着教学不仅需要传授英语的语言知识，如词汇、语法、发音等，还需要训练学生的语言技能，如听力、口语、阅读、写作、翻译、演讲等。

1.教授语言知识

英语语言知识是英语学习的基础，包括词汇、语法和发音等内容。词汇是语言的基本元素，学习词汇是提高语言能力的关键；语法是语言的规则，理解语法有助于学生正确使用英语；发音则关乎到英语听说的准确性。在高校英语教学中，教师需要系统地教授这些语言知识，使学生掌握英语的基本规则和结构。

2.训练语言技能

除了知识的教授，英语教学还要关注技能的训练。这包括听力、口语、阅读、写作、翻译、演讲等能力的培养。这些技能是学生运用英语进行实际交流的必备工具，是知识转化为能力的关键。教师可以通过多样化的教学活动，如听力练习、口语交际、阅读理解、写作训练、翻译实践和演讲比赛等方式，进行实际操作和训练，使学生在实践中提高英语运用能力。

知识性与技能性的结合是高校英语教学的重要特点，旨在使学生既掌握英语知识，又能运用英语技能，以应对未来的学习、工作和生活中的各种挑战。

（二）具有系统性和计划性

另一重要特点在于高校英语教学的系统性和计划性。这主要体现在以下几个方面：

1.系统性的教学内容

英语教学涵盖了英语的各个方面，包括听、说、读、写、译等技能的训练，以及文化、文学、语言学等知识的传授。这些内容不是孤立的，而是互相联系、互相影响，形成一个完整的系统。教师需要结构化和系统化地传授这些内容，使学生能够全面、深入地理解和掌握英语。

2.计划性的教学过程

英语教学不是随意进行的，而是需要根据教学目标和学生的学习需求，进行精心的计划和设计。这包括制定教学大纲、设计教学活动、安排教学进度等。教师需要灵活调整教学计划，以适应学生的学习节奏和学习风格，确保教学目标的实现。

3.系统性的评价方式

英语教学的评价也是系统性的，不仅关注学生的知识掌握情况，也关注学生的技能运用能力、学习策略、学习态度等方面。通过多元化的评价方式，如考试、作业、实践活动、同伴评价等，全面了解和评价学生的学习效果。

系统性和计划性是高校英语教学的重要特点，它确保了教学的连贯性、完整性和有效性，有助于学生更好地学习和理解英语。

（三）以学生为中心的教学活动

在现代高校英语教学中，一个重要的特点是以学生为中心的教学活动，这主要表现在以下几个方面：

1.尊重学生的主体地位

学生是教学活动的主体，教师应该尊重学生的个体差异，包括他们的学习兴趣、学习风格和学习节奏等。以学生为中心的教学需要教师在教学过程中，尽可能地调整教学策略，以满足学生的个体需求。

2.强调学生的主动参与

在以学生为中心的教学活动中，学生不仅是知识的接受者，更是知识的创造者。教师应该鼓励学生积极参与课堂活动，如小组讨论、案例分析、角色扮演等，通过实际操作和实践，提高学生的学习兴趣和学习效果。

3.注重学生的全面发展

以学生为中心的教学活动，不仅关注学生的知识技能的提高，更注重学生的全面发展，包括道德品质、情感态度、学习能力、创新思维等方面。教师应该在教学过程中，积极引导学生培养良好的学习习惯和思维方式，以培养他们的综合素质。

以学生为中心的教学活动是现代高校英语教学的重要特点，它体现了教育的人文关怀，有助于提高教学的质量和效果。

（四）丰富的教学资源和工具

高校英语教学的另一个显著特点是利用丰富的教学资源和工具，这主要表现在以下几个方面：

1.现代教育技术的应用

随着教育技术的发展，现代教育技术，如在线课程、多媒体教学、数字化教学资源等，已经广泛应用在高校英语教学中。这些教育技术使教学活动更加多元化和个性化，增强了教学的生动性和实效性，同时也方便了教师和学生的互动交流。

2.多样化的教学材料

高校英语教学不再局限于教科书，而是引入了各种丰富多样的教学材料，如影视作品、新闻报道、网络文章等。这些教学材料既能够提供真实的语言环境，帮助学生更好地理解和使用英语，也能够拓宽学生的视野，增强学生的文化素养。

3.教学工具和平台

除了教育技术和教学材料，高校英语教学还利用各种教学工具和平台，如互动白板、在线测试系统、学习管理系统等。这些工具和平台提供了便利的教学服务，支持教师进行教学设计、教学实施和教学评价，同时也提供了学生自主学习和协作学习的环境。

综上所述，丰富的教学资源和工具是高校英语教学的重要特点，它提供了丰富的教学内容和教学方式，增强了教学的活力和创新性。

四、高校英语教学的理论基础

（一）语言学理论

1.结构主义语言学理论

结构主义语言学理论认为，语言是由许多相互关联的部分组成的系统，这些部分包括音系、形态、词汇和句法等。在英语教学中，教师需要掌握这些基本结构，以便科学地组织和安排教学内容，指导学生学习英语的各个方面。同时，结构主义语言学理论也强调语言的内在规则和规律，教师可以通过讲解和示例，帮助学生理解和掌握这些规则和规律，从而提高学生的语言能力。

2.生成语法理论

生成语法理论是由诺姆·乔姆斯基提出的，它认为语言不仅有表面结构，还有深层结构，而深层结构是通过语法规则生成表面结构的。在英语教学中，教师可以引导学生探索和发现语言的深层结构和生成规则，使学生能够理解和生成复杂的英语句子。此外，生成语法理论还强调语言的创造性，教师可以通过创造性的教学活动，激发学生的语言创造力。

3.社会文化语言学理论

社会文化语言学理论关注语言的社会和文化背景，认为语言是社会交际的工具，反映了社会的价值观和文化特征。在英语教学中，教师需要教授英语国家的社会文化知识，引导学生理解和欣赏英语的社会文化内涵，培养学生的跨文化交际能力。

4.语用学理论

语用学是研究语言使用的学科，它关注语境对语言理解和使用的影响，强调语言的交际功能和语用效果。在英语教学中，教师可以通过情境模拟、角色扮演等教学活动，让学生实际使用英语进行交际，培养学生的语用意识和交际策略，提高学生的实际交际能力。

（二）应用语言学理论

1.语言教学法理论

语言教学法理论研究如何有效地进行语言教学，包括教学方法、教学技巧、教学评价等。这对高校英语教学具有重要的指导作用。教师可以参考语言教学法理论，选择适合学生的教学方法，运用有效的教学技巧，科学地评价学生的学习效果。

2.语言测试理论

语言测试理论研究如何科学地进行语言测试，包括测试设计、测试标准、测试分析等。在高校英语教学中，教师需要进行常规的语言测试，以了解学生的学习进度和效果。语言测试理论可以帮助教师设计科学的测试题目，制定公正的评分标准，准确地分析测试结果。

3.课程设计理论

课程设计理论研究如何设计和组织教学课程，以达到预定的教学目标。教师可以参考课程设计理论，系统地设计和安排教学课程，确保教学的连贯性和完整性。

（三）心理学理论

1.行为主义学习理论

行为主义学习理论强调学习过程是一种刺激与反应的条件反射过程。在高校英语教学中，教师可以运用行为主义学习理论，通过重复和强化，帮助学生形成正确的英语习惯。例如，通过反复的词汇记忆和语法练习，帮助学生掌握英语知识；通过积极的反馈和奖励，鼓励学生积极参与英语学习。

2.认知主义学习理论

认知主义学习理论强调学习是学生积极构建知识的过程。在高校英语教学中，教师可以运用认知主义学习理论，鼓励学生主动思考，自我探索，自我学习。例如，通过情景模拟和问题解决等教学活动，激发学生的思维，帮助学生理解和掌握英语知识；通过组织学生进行小组合作和讨论，培养学生的协作学习能力和批判性思维能力。

3.建构主义学习理论

建构主义学习理论认为学习是学生在社会文化环境中构建个人知识的过程。

在高校英语教学中，教师可以运用建构主义学习理论，提供丰富的学习资源，创设真实的学习情境，引导学生在实际交际中学习英语。例如，通过英语电影、音乐、新闻等真实材料，帮助学生感知英语语言的真实用法和文化背景；通过组织学生进行项目研究和社区服务，让学生在实际操作中运用英语，体验英语交际的实际场景。

（四）教育理论

教育目标理论：这一理论主张教育活动应以明确的目标为导向。在高校英语教学中，根据教育目标理论，教师应设定明确、可实现的教学目标，比如提高学生的英语听说读写能力，培养学生的跨文化交际能力等，然后根据这些目标设计教学活动和评估策略。

教学模式理论：这一理论探讨了不同的教学模式及其适用性。在高校英语教学中，教师可以根据教学模式理论选择最适合学生需求和教学目标的教学模式，比如讲授模式、探究模式、讨论模式、合作学习模式等。

教学策略理论：这一理论研究了如何有效地开展教学活动。在高校英语教学中，教师可以运用教学策略理论，比如认知策略、元认知策略、动机策略等，来引导学生更好地学习英语。

教育评价理论：这一理论关注教学效果的评估和反馈。在高校英语教学中，根据教育评价理论，教师应采用多元化的评价方式，比如形成性评价和终结性评价，旨在了解学生的学习进步和存在的问题，以便进行适时的教学调整和反馈。

教育技术理论：这一理论探讨了教育技术在教学中的应用。在高校英语教学中，教师可以运用教育技术理论，利用网络、多媒体等现代教育技术，为学生提供丰富的学习资源，提高教学的效率和质量。

第二节　全球视角下的高校英语教学现状

全球不同地区的高校英语教学现状各不相同，具有各自独特的教学特点和挑战。本节将全球视角下的高校英语教学现状作为研究对象，希望通过对全球高校英语教学现状的深入剖析，为我国的高校英语教学提供新的思考角度和改进策略。

一、全球高校英语教学的普遍性

（1）英语作为国际通用语言的地位

英语是全球使用最广泛、影响最大的语言之一。据统计，全球超过15亿人使用英语进行交流，其中包括母语使用者和非母语使用者。这种广泛的使用使英语具有了国际通用语言的地位。在科研、商务、政治、文化、娱乐等各领域，英语都发挥着重要的作用。

特别是在教育领域，英语教育早已普及到世界各地。对于大部分非英语国家的高校来说，英语教育被视为提高国际竞争力，吸引国际学生，推进国际交流和合作的重要途径。很多学术研究和交流活动都是以英语为主要语言进行的。因此，英语作为国际通用语言在全球高校教育中占据着举足轻重的地位。

这种地位并非一蹴而就，而是随着历史的发展逐渐形成的。从英语的起源和发展，到其在全球范围内的广泛传播，每个阶段都在推动英语向国际通用语言的地位迈进。全球高校英语教学的普遍性就是这种趋势的体现，也是对英语国际通用地位的确认和强化。

（2）英语在全球高校教学中的广泛应用

英语在全球高校教学中的应用无处不在，主要表现在以下几个方面：

首先，英语作为教学语言被广泛采用。随着国际交流的增多，更多的高校开始使用英语作为教学语言，无论是在英语为母语的国家，还是在非英语为母语的国家。这使得学生无论在哪个国家，都可以通过英语获取知识，与人交流。

其次，英语课程已经成为高校的必修课程。大多数高校都设有英语课程，而且不仅仅是语言类的课程，还包括各种专业领域的课程。这种趋势反映了英语在全球教育中的重要性。

再次，高校的学术研究活动、学术交流活动、国际合作项目等都离不开英语。英语成了全球学术界的共享语言，促进了各国之间的学术交流与合作。

总的来说，英语在全球高校教学中的广泛应用，既是英语作为国际通用语言地位的体现，也是全球化趋势下，高校英语教学的重要性日益突出。

二、不同国家和地区的高校英语教学现状

（一）美国

美国，作为一个多元文化和移民大国，高校英语教学具有丰富多样的特点。美国的高校英语教学非常注重实践性和职业导向，强调学生的批判性思维和创新

能力的培养。在英语教学中，教师使用多元化的教学方法和活动，如小组讨论、案例分析、模拟演讲等，让学生在实际的语言环境中使用英语。

针对非英语母语的学生，美国高校提供了大量的英语作为第二语言（ESL）课程，帮助他们提高英语能力，顺利适应美国的学术环境和社会生活。这些课程涵盖了基础的语法、阅读、写作和听说等技能的训练，以及针对特定领域的英语学习，如学术英语、商务英语等。

值得一提的是，美国还有专门针对职业需求的英语教学课程，即 Vocational English as a Second Language（VESL）。这类课程着眼于职业技能的培养，内容涵盖了一系列职业领域，如医疗、酒店管理、计算机科技等。通过这样的课程，学生不仅能够提高自己的英语能力，同时也能够掌握相关的职业知识和技能，满足就业市场的需求。

（二）英国的高校英语教学

作为英语的发源地，英国在高校英语教学方面具有独特的优势和视角。英国的英语教学不仅注重语言技能的训练，更深入探讨语言的内涵和外延，包括英语的文化、历史和社会背景。通过这种方式，学生可以更深入地理解和把握英语，将其作为一种有效的交流工具。

在培养学生的学术能力方面，英国的英语教学特别注重思辨能力和研究技能的训练。通过参与讨论、撰写论文等学术活动，学生能够深化对英语知识的理解，形成自己的观点和看法，提高独立研究和批判性思考的能力。

英国高校的英语教学也十分注重职业导向。一方面，课程设置紧密跟随行业发展和社会需求，设有商务英语、法律英语、科技英语等专业英语课程，让学生在学习英语的同时，深入了解各个行业的专业知识和实践。另一方面，教学活动多样化，注重实践性，如模拟商务谈判、案例分析等，让学生在真实的语境中运用英语，提升专业素养，为将来的职业生涯做好准备。

（三）加拿大的高校英语教学

加拿大是双语国家，高校英语教学也相当重视。在加拿大，英语教学注重实用性和功能性，帮助学生能够在真实的语境中使用英语。为了满足学生的个性化需求，加拿大的英语课程设计涵盖了各种不同领域和级别的英语学习，比如学术英语、职业英语等。这样的设计不仅满足了学生对英语学习的需求，同时也为他们的未来职业生涯做好了准备。

（四）日本的高校英语教学

在日本，英语教学在高校中也非常重视。日本高校英语教学的主要目标是提升学生的英语运用能力，包括听说读写四项技能。为了实现这个目标，日本的英语教学注重提供真实和有趣的语言学习环境，如设置英语角、组织英语演讲比赛等。同时，日本高校英语教学还尝试与职业教育结合，如设立酒店管理英语、医学英语等课程，以适应社会和职业发展的需求。

（五）韩国的高校英语教学

韩国高校的英语教学重视基础知识的学习和应用技能的培养。为了让学生更好地掌握英语，韩国的英语教学采用了多种教学方法，如小组讨论、角色扮演、案例分析等，让学生在实践中学习和使用英语。韩国高校英语教学的目标是培养学生具备良好的英语能力，以适应未来的学术研究和职业发展。

（六）新加坡的高校英语教学

新加坡作为亚洲的英语国家，其高校英语教学水平颇具国际竞争力。教学方式独特，充分体现了学生中心和自主学习的原则。在新加坡的教学模式中，教师的角色发生了根本性的转变，他们不再是传统意义上的知识灌输者，而是学生学习过程的引导者和协助者，倡导启发式和探索式学习，鼓励学生主动参与、自我探索、积极反思。

新加坡的英语课程设计灵活多样，注重实效性和实用性。通用英语和专业英语的课程设置并行，以满足不同学生的需求和兴趣。在专业英语课程方面，例如商务英语、科技英语、法律英语等，都紧密结合实际行业的特点和需求，注重专业知识和实践技能的交融，以帮助学生更好地实现学术到职业的过渡。

值得一提的是，新加坡的英语教学还采取了"教学工厂"模式。这一模式是指在教学过程中，学校与企业紧密合作，将真实的工作场景和问题引入教学中，让学生在解决实际问题的过程中学习和应用英语，极大地提高了学生的实践能力和职业素养，为他们的未来职业生涯打下坚实的基础。

三、高校英语教学的全球趋势

（一）科技在英语教学中的应用（如在线教学、人工智能辅助教学等）

科技的发展已经深深地影响了英语教学。在线教学、人工智能辅助教学等新型教学方式正在全球范围内得到应用，并且效果显著。

1. 在线教学：互联网的普及使得教学活动不再受限于教室，学生可以在任何时间、任何地点进行学习。这不仅提高了学习的灵活性，也使得更多人有机会接受到优质的教育资源。在英语教学中，学生可以通过在线平台与世界各地的老师和学生进行交流，更好地提高自己的语言应用能力。

2.人工智能辅助教学：人工智能技术的发展使得教学可以更加个性化。通过智能系统，教师可以根据每个学生的学习情况，为其提供适合的学习内容和方式。在英语教学中，人工智能可以用来模拟语言环境，提供与实际生活场景相近的语言学习经验。

这些新型的教学方式有助于提高教学效果，使学生能够更好地掌握和应用英语。然而，也需要注意到，科技并不能替代教师的角色。教师的专业知识和人文关怀仍然是教学中不可或缺的元素。同时，也需要重视科技在教学中可能带来的问题，如数据安全、教育公平等。

（二）以学生为中心的教学理念的普及

以学生为中心的教学理念是现代教育理念的重要组成部分，也是当前全球高校英语教学的重要趋势。这种理念强调教学活动应该以学生的需求和兴趣为出发点，重视学生的主动性和创造性。

1.灵活的学习方式：以学生为中心的教学理念倡导灵活的学习方式，允许学生根据自己的学习习惯和节奏进行学习。在英语教学中，这意味着学生可以选择适合自己的学习资源，如教科书、影视作品、网络资源等，也可以选择适合自己的学习方式，如自学、小组学习、在线学习等。

2.多元的评价方式：以学生为中心的教学理念强调评价的多元性。除了传统的考试和作业，学生的表现还可以通过参与讨论、完成项目、实践活动等方式进行评价。这种多元的评价方式可以更全面地反映学生的语言能力和学习成效。

3.全面的能力培养：以学生为中心的教学理念重视全面的能力培养。在英语教学中，除了语言技能，还需要重视学生的批判性思维、创新能力、合作能力、跨文化交际能力等综合能力的培养。

总的来说，以学生为中心的教学理念有助于提高教学的效果和学生的满意度，但也需要教师具备高级的专业素养和良好的教学技巧。

（三）对跨文化交际能力的重视

跨文化交际能力在全球高校英语教学中的重视日益突出。跨文化交际能力不仅包括语言技能，还包括对不同文化背景的理解、对跨文化差异的尊重和对跨文化交际的策略。

1.对文化背景的理解：在英语教学中，教师需要引导学生了解英语使用的各种文化背景，包括英语国家的历史、文化、社会、政治等，以及英语在全球化中的角色。这种理解有助于学生理解语言中的文化信息，也有助于学生在跨文化交际中做出适当的反应。

2.对跨文化差异的尊重：在英语教学中，教师需要教育学生尊重文化差异，克服文化偏见，接纳和欣赏文化多样性。这种尊重有助于学生建立积极的跨文化交际态度，也有助于学生在跨文化交际中保持开放和包容。

3.跨文化交际策略：在英语教学中，教师需要教授跨文化交际的策略，例如，如何解读和使用非言语信号，如何处理文化冲突，如何适应新的文化环境等。这些策略可以提高学生的交际效率，也可以帮助学生避免文化误解和冲突。

在全球化和多元化的今天，跨文化交际能力的培养不仅是高校英语教学的重要目标，也是学生未来成功的关键因素。

（四）对职业英语教学的关注

随着全球化进程的不断深化，英语已经成为许多职业领域的通用语言，因此，职业英语教学在高校英语教学中的地位越来越重要。

1.职业导向的课程设计：越来越多的高校开始提供职业导向的英语课程，如商务英语、法律英语、医学英语等。这些课程针对特定的职业领域，教授相关的专业词汇和语言表达，帮助学生在该领域内进行有效的英语交际。

2.实践性教学活动：为了让学生更好地将英语应用于职业生涯，许多高校英语除了在课堂教学以外，还开展各种实践性教学活动，如模拟商务谈判、法庭辩论、医疗对话等。

3.就业技能的培养：职业英语教学不仅教授语言知识，还培养学生的就业技能，如团队合作、项目管理、批判性思考、解决问题等。这些技能对学生在未来职业生涯中取得成功至关重要。

4.与行业接轨：高校英语教学更加注重与行业接轨，积极与企业、行业组织进行合作，了解行业需求，更新课程内容，保证教学质量。

职业英语教学的发展反映了高校英语教学从单纯的语言教学向综合素质教育的转变，是适应社会需求、提升教学效果的重要策略。

四、对我国高校英语教学的启示

对于我国高校英语教学，国外的英语教学实践给我们提供了许多宝贵的启示：

1.注重实践教学

外国高校英语教学重视实践教学的做法为中国提供了良好的借鉴。在实践教学中，学生能够将所学的理论知识应用于实际情况中，提高自己的语言运用能力和问题解决能力。例如，学生可以通过参加模拟联合国等活动，运用所学的英语知识进行论述和交流，或者通过实习、参观、访问等方式，将英语学习与职业实践相结合，提升英语应用和沟通能力。对于中国的高校英语教学，可以在英语教学中引入更多的实践环节。例如，可以设立口语实训课程，让学生在模拟真实场景中进行英语对话，提高他们的口语交际能力。

2.科技引领学习

新兴科技，如在线课程、人工智能、虚拟现实等，正在逐步改变教育的模式，使学习变得更加自由、个性化和有效。例如，通过在线课程，学生可以根据自己的学习进度和时间安排自我学习；通过人工智能辅助学习，可以提供个性化的学习建议和反馈，帮助学生更好地掌握知识。

对于我国的高校英语教学，积极引入这些现代科技手段是有必要的。例如，可以开设在线英语课程，提供多元化的学习资源，满足不同学生的学习需求；可以使用人工智能进行学生英语水平的诊断和评估，提供定制化的学习建议，提高学习效率。这些做法可以使中国的高校英语教学更具现代化和智能化，以适应时代的发展和社会的需求。

3.学生为中心

以学生为中心的教学模式在许多外国高校英语教学中得到广泛应用，这一模式强调学生在学习过程中的主体地位，提倡学生的自主学习和探索。教师的角色转变为指导者和协助者，引导学生如何学习，而不仅仅是传授知识。

在这一模式下，教师需要提供一种支持性的学习环境，鼓励学生积极参与，提出问题，解决问题。同时，教师需要根据每个学生的学习需求和能力，提供个性化的指导和帮助。这样的教学模式可以培养学生的自我学习能力，提高其解决问题和批判性思维能力。

对中国的高校英语教学来说，借鉴并实施以学生为中心的教学模式，是提高教学质量，培养学生的实际语言应用能力和批判性思维能力的重要途径。在实际教学中，可以通过组织学生进行项目研究、案例分析、角色扮演等多元化的学习活动，鼓励学生自主学习，提高其英语综合运用能力。同时，教师要从传统的"知识传授者"角色转变为"学习引导者"和"协助者"，帮助学生掌握学习方法，培养其自我学习能力。

4.强调跨文化交际能力

在全球化的背景下，跨文化交际能力对于社会交往、国际合作、商务谈判等都至关重要。在外国高校的英语教学中，跨文化交际能力的培养得到了广泛重视。除了传授语言知识，这些学校还通过组织文化活动、交流项目等方式，让学生深入了解不同的文化背景，提高其跨文化交际能力。

对于中国的高校英语教学，强调跨文化交际能力的培养是非常重要的。除了提供语言知识，教师还可以通过引入跨文化的教学内容，如介绍英美国家的文化、历史、社会等，以及组织学生进行文化比较、案例讨论等活动，帮助学生理解不同的文化背景，提高他们的跨文化交际能力。同时，也可以通过交换生项目、短期出国研修等方式，让学生亲身体验不同的文化环境，进一步提高其跨文化交际能力。

5. 职业导向

职业导向的英语教学强调英语的实际应用，以满足特定职业或行业的需求。这种教学模式旨在帮助学生获得适用于特定工作场景的语言技能，如商务英语、法律英语、科技英语等。在课程设计上，职业导向的英语教学会结合真实的工作场景，如商务谈判、法律咨询、科技报告等，让学生在模拟的职业环境中学习和使用英语。

在国外的高校，职业导向的英语教学得到了广泛应用。它们根据学生的专业和职业目标，提供各种职业英语课程，通过实际的项目和案例，让学生了解和熟悉职业场景中的英语使用，提高其职业英语技能。

对于我国的高校英语教学，借鉴职业导向的英语教学是非常有意义的。我们可以根据国内的社会和经济发展需求，设立更多与职业相关的英语课程。这些课程可以让学生了解职业环境中的英语使用，提高他们的职业英语技能，同时也可以帮助他们更好地理解自己的职业目标，提高他们的职业素养。

总的来说，我国高校英语教学可以借鉴和学习国外英语教学的成功经验，但也要结合我国的实际情况，进行合理的创新和改革。

第三节　我国高校英语教学存在的问题与挑战

当前我国高校英语教学存在一些问题和挑战，如教学目标和定位模糊，过分重视应试教育，忽视学生的兴趣和实际需要，教师水平参差不齐，教学模式单一，教材选用不当等。这些问题不仅影响了英语教学的效果，也阻碍了我国高校英语教学的改革和发展。

一、我国高校英语教学存在的问题与挑战

（一）英语教学定位模糊

1.教学目标不清晰

对于高校英语教学，理想的教学目标应该是培养学生的英语综合运用能力，包括听说读写译、跨文化交际等。然而，在实际教学中，教学目标往往不明确或偏离原本的方向。一些高校英语教学过分追求学术性和理论性，而忽视了实际应用性。例如，课程内容偏重于词汇和语法的教学，却较少涉及实际应用情境，忽视了听说能力和交际能力的培养。另外，一些教学目标过于理想化和宽泛，如"提高学生的英语综合能力"，但在具体实施中缺乏明确和可操作的指导，使得教学过程中产生方向性的困惑。

2.教学内容和方法的选择不合理

教学内容和方法是实现教学目标的关键。然而，当前我国高校英语教学中，教学内容和方法的选择往往不符合学生的实际需求和教学目标。例如，许多教学内容偏重于传统的语法和词汇学习，而忽视了口语和听力的训练。另外，一些教学方法过于传统和机械，如教师讲解、学生默写，缺乏互动和实践，使得学生的学习兴趣和积极性难以维持。

（二）过分重视应试教育

1.应试教育的弊端

过分重视应试教育在英语教学中是一个普遍存在的问题，尤其在我国的高校英语教学中。比如英语教学评价只看期末考试成绩。四、六级考试通过率的高低不仅与学位证书的获得挂钩，也成了评价高校和老师的一个主要标准。①这种情况导致了一系列的弊端：

（1）知识片面化

应试教育过于强调对课本知识的掌握和应试技巧的训练，这导致学生的英语知识变得片面。例如，学生可能擅长解决具有标准答案的语法和阅读理解题，但在真实的语言环境中，他们可能无法有效地进行沟通。这种情况在口语和写作训练中尤为明显。

（2）学习动机单一

过分重视考试成绩可能会导致学生的学习动机变得单一，即只为了应对考试而学习，这种为了"应试"而学习的心态，会严重影响学生的学习兴趣和学习

---

① 武琳.大学英语教学模式与课程建设研究[M].长春：吉林大学出版社，2016：12-16.

深度。

（3）忽视能力培养

应试教育过于注重知识的输入，而忽视了技能和能力的培养。例如，听说读写是语言学习的四项基本技能，但在应试教育下，往往只重视阅读和写作，而忽视听说的训练。

（4）忽视跨文化交际能力

语言是文化的载体，学习语言就应该学习和理解其所蕴含的文化。但在应试教育的影响下，学生往往只关注语言本身，忽视了对目标语言文化的了解和学习，这无疑限制了他们的跨文化交际能力的发展。

（5）阻碍创新教学方法的发展

在应试教育的影响下，教师往往采用传统的"填鸭式"教学，而忽视了新的、更有效的教学方法，如情境教学、项目教学等。

2.应试教育对学生英语学习的影响

过分侧重于应试教育的高校英语教学对学生英语学习的影响主要体现在以下几个方面：

（1）兴趣缺失

由于过分侧重于考试，许多学生可能将学习英语视为一项任务，而非乐趣。他们可能只是为了达到一定的分数标准而学习，而非出于对语言的真正热爱和对知识的渴望。这可能会导致学生对英语学习产生厌倦和抵触，进一步影响他们的学习效果。

（2）实际应用能力不足

应试教育往往重视语法规则和词汇记忆，而忽视听说读写等实际语言应用技能的培养。因此，学生虽然可能在纸面上得分高，但在真实生活中却可能无法流畅地使用英语进行沟通。

（3）缺乏自主学习能力：在应试教育的环境下，学生往往习惯于被动接受知识，而非积极主动地寻求知识。这种学习模式可能会影响他们形成有效的自主学习策略和习惯，限制了他们的学习潜能。

（4）忽视跨文化交际能力的培养

应试教育过于强调语言结构的理解和掌握，而忽视了英语是一种交际工具，应用于不同文化背景中的功能。学生在学习过程中往往缺乏对英语国家文化的理解，导致他们在实际交际中难以理解和接受跨文化的差异。

（三）忽视学生的主体性

忽视学生的主体性是我国高校英语教学的一个突出问题。在传统的英语教学模式下，教师是知识的传授者，掌握着教学的主导权，而学生更多的是被动的接受者。这种模式下，学生的创造性和个性化需求往往被忽视，导致他们在学习过程中可能会感到枯燥乏味，甚至对英语学习产生反感。

此外，忽视学生的主体性还可能表现为对学生兴趣的忽视。高校英语教学往往关注于课程内容的完成，而忽视了对学生个性化兴趣的培养。当英语学习与学生的兴趣相脱节时，学生可能会对学习失去热情和动力，这对他们的英语学习造成了极大的阻碍。

再者，传统的教学模式下，学生缺乏真正参与到学习过程中的机会，他们更多的是接收和复述知识，而非通过实践和体验去获得和构建知识。这种方式不仅使得学生难以对知识有深刻的理解，而且也限制了他们的实践能力和创新思维的发展。

最后，这种过于依赖教师的教学模式，可能会削弱学生的自主学习能力。当学生习惯了被动接受，他们可能就会缺乏主动探索和自我学习的动力，这对他们未来的学习和发展无疑是非常不利的。

（四）英语教师水平参差不齐，师资力量匮乏

1.教师水平对教学效果的影响

教师的水平在很大程度上决定了教学效果的好坏。一个优秀的教师不仅需要有扎实的专业知识，还需要有良好的教学方法和技巧，以及深厚的教育情操。他们能够激发学生的学习兴趣，引导学生自主学习，培养学生的创新思维和批判性思考能力。

第一，教师的专业知识是教学的基础。一个拥有扎实英语语言学知识的教师，能够准确、全面地传授知识，解答学生的疑惑，提供正确的语言模型。相反，如果教师的英语水平不高，或者对于某些专业知识不够熟悉，可能会教给学生错误的信息，对学生的学习造成影响。

第二，教师的教学方法和技巧对教学效果也有很大的影响。一个熟练运用各种教学方法的教师，能够根据教学内容和学生的实际情况，灵活选择和设计教学活动，使学生在多样化的学习情境中提高英语水平。然而，如果教师缺乏有效的教学策略，可能会使课堂变得枯燥乏味，影响学生的学习兴趣和积极性。

第三，教师的教育情操是决定教学质量的重要因素。一个具有良好教育情操的教师，会尊重学生，关心学生，对学生有耐心，善于激发学生的潜能，帮助他

们克服学习困难。如果教师缺乏这样的品质，可能会降低学生的学习积极性，影响他们的学习效果和发展。

2.我国高校英语教师水平的现状

当前，我国高校英语教师的水平表现为多元化的态势。一方面，有相当一部分教师具备丰富的教学经验、扎实的英语专业知识以及较高的教育素养。他们注重学生的个性发展，能够有效激发学生的学习兴趣，使用富有创新性的教学手段和方法，积极引导学生进行自主学习。在他们的指导下，学生的英语水平能够得到有效提升。

另一方面，也存在一部分教师的教学水平不足，这在一定程度上影响了高校英语教学的质量。他们可能专业知识不够扎实，无法准确地解答学生的问题；可能教学方法单一，不能满足学生多样化的学习需求；或者缺乏有效的课堂管理技巧，导致课堂秩序混乱，影响学生的学习效果。此外，一些教师过于依赖教材，忽视了学生的实际水平和兴趣，使教学变得枯燥乏味。

此外，由于工作压力大，教师培训机会少，一些教师难以获取更新教学知识和技能的机会，这也是我国高校英语教师水平提高的一大阻碍。在未来，我们需要积极推动教师的专业发展，提供更多的培训机会，提高教师的教学能力，以提升我国高校英语教学的质量。

（五）教学模式单一

在当前的高校英语教学中，教学模式的单一性是一个较大的问题。传统的教学模式主要依赖教师讲解，学生听课，这种模式往往忽视了学生的主体性和积极性。此外，这种模式在处理复杂和抽象的概念时效果并不理想，因为它没有为学生提供足够的机会去亲身实践和探索。

单一的教学模式限制了学生的学习方式和思维方式，不利于培养学生的创新能力和批判性思维。同时，单一的教学模式也不能满足不同学生的学习需求，无法做到因材施教。此外，单一的教学模式也不利于教师的教学创新。在这种模式下，教师往往只能遵循既定的教学步骤，而缺乏创新和变通的空间。

因此，打破单一的教学模式，引入多元化的教学方法，是提高我国高校英语教学效果的重要途径。

（六）教材选用不当

教材在教学过程中起着至关重要的作用。良好的教材可以提供清晰的学习框架，描绘出完整的知识图谱，引导学生逐步掌握并深化对知识的理解。而且，教材也能通过真实丰富的语境,激发学生的学习兴趣,鼓励他们主动探索和学习。

1.知识组织和逻辑性

良好的教材能清晰地组织和阐述知识,保持严密的逻辑性,使学生能顺利地理解和掌握知识。

2.真实性和相关性

优秀的教材能够提供真实的语境,使学生能将所学知识与实际生活相联系,提高学习的实用性和有效性。

3.创新性和启发性

优秀的教材应该含有一定的创新性和启发性,能激发学生的思考,引导他们进行深入的学习。

然而,在我国高校的英语教学中,教材选择往往存在问题。一些教材过于注重理论知识的传授,忽视了语言的实际应用;一些教材内容陈旧,与时代发展和学生需求脱节;还有一些教材难度设置不合理,既不能满足优秀学生的挑战需求,也不能照顾基础较差的学生。因此,选择和使用合适的教材,是提高我国高校英语教学效果的重要环节。

(七)忽视实际应用能力和职业能力的培养

在英语教学中,忽视实际应用能力和职业能力的培养是一种普遍现象。具体表现在以下几个方面:

过分重视理论知识的传授,而忽视了英语的实际运用。例如,过分强调语法规则的学习,而忽视口语和写作能力的培养,导致学生虽然理解英语,但无法流畅地用英语进行交流。

课堂教学中缺乏实际操作的机会,使得学生没有足够的机会在实际情境中应用所学的英语知识。

英语课程与职业发展脱节。很多学校的英语教学内容和职业技能要求相去甚远,这导致学生毕业后在工作中使用英语时,往往感到力不从心。

忽视英语学习的目标多样性,没有充分考虑到学生个体差异和未来的职业发展需求。对于职业英语教学,应该设计与具体职业领域相匹配的课程,如商务英语、法律英语等,以满足学生的职业发展需求。

以上问题,都在一定程度上影响了我国高校英语教学的效果,也降低了英语教学的实用价值。因此,应当重视实际应用能力和职业能力的培养,使英语教学更具实效性。

二、我国高校英语教学改革的建议

（一）明确英语教学定位

为了解决当前英语教学中存在的问题，首先需要明确英语教学的定位，从以下几个方面进行改革：

1.建立明确的教学目标

英语教学应该根据学生的个人情况和未来的职业需求，设置合理的教学目标。这些目标应当包括语言技能的掌握，如听、说、读、写的能力，同时还应包括跨文化交际能力，批判性思维能力等。

2.采取多元化的教学方法

教学方法的选择应当符合教学目标，以及学生的学习方式和学习需要。例如，如果教学目标是提高学生的口语交际能力，那么教学方法应当以互动、沟通为主，比如模拟角色扮演，小组讨论等。

3.教学内容的选择

教学内容应当既包括基础的语言知识，比如语法、词汇、发音等，同时还要包括英语国家的文化知识，使学生能够在全球化的背景下，更好地理解和使用英语。

4.将实践教学融入课程

实践是提高英语能力的重要手段。可以通过各种形式，比如实地考察、实习、项目制学习等，让学生在实践中学习和使用英语。

以上四点，可以帮助我国高校英语教学明确教学定位，提高教学效果。

（二）降低应试教育的比重

针对当前我国高校英语教学过分强调应试教育的问题，应进行以下适度的调整：

1.改变评价方式

单一的、以分数为导向的评价方式是我国应试教育弊端的主要原因之一。高校可以考虑引入多元化的评价方式，比如课程论文、小组项目、口语表达等，以全方位、多角度评价学生的英语水平，而非单纯依赖测试分数。

2.课程设计改革

除了改变评价方式，课程的设计也应该做出改变。可以引入更多元化的课程类型，比如学术英语、商务英语、影视英语等，让学生有更多的选择，以满足他们的个人兴趣和未来职业发展的需要。

3.培养学习策略和自主学习能力

应试教育往往强调知识的灌输，而忽视了学生自主学习的能力。教师应该教会学生如何学习，比如教授他们有效的学习策略，鼓励他们自主学习，提高他们的自我调节能力。

通过降低应试教育的比重，我国高校英语教学可以更好地培养学生的实际语言能力，为他们的未来职业生涯做好准备。

（三）重视学生主体性

在英语教学中重视学生主体性的建议主要有以下几点：

1.提倡以学生为中心的教学模式

教师应该从知识的传授者转变为学习的引导者，鼓励学生积极参与课堂活动，发表自己的见解，进行自我表达。同时，教师还需要尊重每个学生的独特性，理解他们的需求和兴趣，以满足他们的个体差异。

2.提供多元化的学习材料和活动

以学生为中心的教学不仅需要在教学方式上进行改变，也需要在教学内容上进行创新。教师可以引入多元化的学习材料，比如新闻、电影、音乐、小说等，让学生有更多的接触英语的方式。此外，还可以组织各种活动，如小组讨论、角色扮演、学术报告等，鼓励学生用英语进行真实的交际。

3.发挥学生的创新能力

教师可以设置一些开放性的课题，让学生进行独立思考和探索。通过解决实际问题，学生可以更好地理解和运用所学的英语知识，同时也能提高他们的创新能力和解决问题的能力。

重视学生主体性可以激发学生的学习兴趣，提高他们的学习积极性，也有助于培养他们的自主学习能力和创新能力。

（四）提高英语教师的教学水平和师资力量

提高英语教师的教学水平和师资力量是改革高校英语教学的重要环节，以下是一些可行的建议：

1.建立系统的教师培训体系

高校应定期为英语教师提供专业培训，包括最新的教学理念、教学方法、教学技能等，以提高他们的教学能力。同时，也应该鼓励教师参加国内外的学术交流，以拓宽他们的视野，提高他们的学术水平。

2.引进高水平的教师

高校可以通过各种方式引进高水平的教师，如海外招聘、交换访问等。引进的教师不仅可以提高英语教学的水平，也可以带来新的教学理念和方法，促进我国高校英语教学的创新。

3.加强教师队伍建设

高校应该重视教师队伍的建设，提高教师的待遇，提供良好的工作环境，以吸引和留住优秀的教师。同时，也应该建立有效的评价机制，激励教师提高教学质量。

4.促进教师间的交流与合作

高校可以组织各种形式的教师交流活动，如教学研讨会、教学观摩等，促进教师间的交流与合作，共享教学经验，共同提高教学水平。

通过提高英语教师的教学水平和师资力量，可以有效提高高校英语教学的质量和效果。

（五）创新英语教学模式

教育模式不断发展创新，教师可以根据学生兴趣及教学情况做出以下选择。

1.采用混合式教学模式

混合式教学模式结合了面对面的传统教学模式和在线教学模式的优点，可以提供更灵活、更个性化的学习体验。在混合式教学模式下，教师可以根据学生的需要和自身的教学目标，灵活调整教学内容和方法。

2.推广任务型教学模式

任务型教学模式以学生为中心，强调学生在完成任务的过程中学习和使用英语。通过任务型教学模式，学生可以在实际语境中使用英语，提高他们的英语实用能力。

3.利用科技辅助教学

现代科技，如人工智能、虚拟现实等，为英语教学提供了新的可能性。高校可以利用这些科技手段，创新教学模式，提高教学效果。

（六）合理选择英语教材

1.选择反映实际语言使用情况的教材

英语教材应该反映实际语言使用情况，包含各种语言场景，以便学生能够在学习过程中理解和模仿真实的语言交际。

2.选择注重语言技能训练的教材

英语教材应该注重语言技能的训练，包括听、说、读、写四项基本技能，以便学生全面提高英语水平。

3.选择含有丰富文化元素的教材

英语教材应该包含丰富的文化元素，帮助学生了解和理解英语国家的文化，提高他们的跨文化交际能力。

4.选择适应学生需求的教材

英语教材应该适应学生的学习需求，包括学生的英语水平、学习目标、学习兴趣等。同时，教材也应该符合教学目标，支持教师的教学计划。

（七）重视实际应用能力和职业能力的培养

1.引入实际应用课程

英语教学应关注学生的实际应用能力，可以引入各种实际应用课程，如商务英语、科技英语、旅游英语等，让学生在实际语境中使用英语，提高他们的英语实用能力。

2.引入职业能力培养

英语教学应关注学生的职业能力，可以引入各种与职业相关的课程，如商务谈判、英语报告写作、专业演讲等，帮助学生提高专业英语能力，为他们的职业生涯做好准备。

3.开展实践活动

英语教学应关注学生的实践能力，可以组织各种实践活动，如英语角、英语剧、英语辩论等，让学生在实践中使用英语，提高他们的口语能力和团队合作能力。

4.开设实习机会

英语教学可以与企业合作，为学生提供实习机会，让他们在实际工作环境中使用英语，了解职业生活，提高他们的职业素养和职业技能。

以上这些建议都是为了使我国的高校英语教学更加适应社会的需求，更好地服务于学生的学习和发展，以提高他们的英语能力和职业素养，为他们的未来职业生涯做好准备。

第三章　职业导向的含义与价值

第一节　职业导向的定义与理论基础

在全球化和知识经济的背景下，职业导向已成为教育和职业发展中的重要组成部分。传统的学术教育已经不能满足现代社会和劳动力市场的需求，职业导向的教育和职业规划理念开始受到重视。职业导向不仅对于个体的职业生涯发展至关重要，也对于国家的经济发展和社会稳定起到了不可忽视的作用。

一、职业导向的定义

（一）职业导向的含义解析

职业导向通常是指个体在职业选择和职业发展过程中的一种取向或倾向。它涉及个体的职业兴趣、职业技能、价值观以及个人生涯规划等因素。职业导向是影响个体职业决策和职业满意度的重要因素。

职业导向，作为职业发展研究的核心概念，其研究始于 20 世纪初的欧美地区。初期的研究主要围绕职业选择理论展开，而现代职业导向的研究则更加注重个体在职业生涯中的发展和转变。

职业导向的起源可以追溯到弗兰克·帕森斯的"人－环境相符理论"。在这个理论中，帕森斯主张通过教育和指导帮助个体了解自己的兴趣和技能，以及理解职业世界的实际情况，以实现个体与其职业环境的最佳匹配。此后，许多职业咨询理论和模型，如超人元素理论、生涯发展理论等，也都在一定程度上关注到了职业导向的重要性。

在国外，职业导向的研究经历了一个从量化到质化，从静态到动态的发展过程。早期的研究多采用问卷调查的方式，通过量化的方法测量个体的职业导向，而现代的研究则更多的使用访谈、观察等质性研究方法，从动态和发展的角度探讨职业导向的形成和变化过程。

（二）职业导向的维度

职业导向可以从多个维度进行理解和分析，包括以下几个方面：

1. 兴趣导向

这是最直观的一种职业导向，涉及个体对某个职业或职业领域的兴趣和喜好。这种兴趣可能源于个体的性格特征、生活经历或文化背景等因素。例如，一些人可能对艺术和创作有浓厚的兴趣，因此更倾向于选择相关的职业。

2. 能力导向

这种职业导向与个体的技能和能力密切相关。一个人如果在某个领域具有出色的能力或技巧，他可能会选择与这些能力或技巧相关的职业。例如，一个擅长逻辑思维和数学分析的人可能会选择成为一名工程师或数据分析师。

3. 价值观导向

这种职业导向反映了个体对职业和工作的价值观和态度。这些价值观可能包括公平、效率、创新、团队协作等。例如，一个高度重视创新和挑战的人可能会选择从事科研或创新型企业的工作。

4. 发展导向

这是一种更长远的职业导向，涉及个体对自己职业发展和生涯规划的目标和计划。这种导向通常需要个体具有对未来的清晰设想和规划，以及对自己能力和潜力的深入了解。例如，一个希望在某个领域取得领导地位的人，可能会选择那些有广阔发展空间和提升机会的职业。

总的来说，职业导向是个体在职业选择和发展过程中的重要指导，是个体职业行为的内在动力。理解和掌握自己的职业导向，可以帮助个体做出更符合自己实际情况和长远发展的职业决策。

（三）职业导向的重要性

职业导向在个体的职业选择和职业发展过程中起到关键作用。

首先，对于个体，理解自己的职业导向有助于进行有效的职业规划，包括选择适合自己的学习和培训路径，找到满足自身兴趣、价值观和发展期望的工作，以及在职业生涯中做出有益于自身长期发展的决策。这将有助于提高职业满意度，增强职业成就感，促进职业发展和个人成长。

其次，对于企业，了解员工的职业导向可以为人力资源管理提供有价值的信息。这包括招聘和选拔过程中的人岗匹配，员工的培训和发展计划的设计，以及激励和保留员工的策略的制定。对职业导向的理解有助于企业提高员工的工作效率和工作满意度，减少人才流失，增强企业的竞争力。

最后，对于政策制定者，职业导向的研究提供了理解和改进职业教育和职业培训政策的重要视角。例如，政策制定者可以根据职业导向的研究结果，来优化教育和培训资源的配置，设计更有效的教育和培训项目，以满足不同群体的职业发展需求。

总之，职业导向是一个跨学科的重要领域，它涉及心理学、教育学、社会学、经济学等多个学科的理论和方法。职业导向的研究不仅有助于个体做出更好的职业决策，也有助于企业和社会更有效地管理和发展人力资源。

二、职业导向的特性

（一）多维性

职业导向的多维性意味着它不是一个简单的、单一的概念，而是涵盖了多个方面和维度，从个体的兴趣、技能、价值观以及职业目标等多个角度来考虑职业发展。

1. 兴趣和偏好

职业导向涉及个体对特定职业或职业领域的兴趣和偏好。每个人对不同职业可能有不同程度的兴趣，这些兴趣在一定程度上影响着他们对职业选择的倾向。

2. 职业技能

职业导向考虑了个体在特定职业领域的技能和能力。职业选择不仅受到兴趣的影响，也受到个体在该职业领域是否具备所需技能和能力的影响。

3. 价值观

个体的价值观在职业导向中也起着重要作用。有些人更看重事业的成功和挑战，而有些人可能更注重平衡工作和生活等价值观。这些价值观会影响个体对不同职业的选择和职业发展计划。

4. 职业目标和计划

职业导向还包括个体对职业发展的目标和计划。一些人可能有明确的职业目标，并制定了相应的发展计划，而另一些人可能正在探索不同的职业选择和可能性。

综合来说，职业导向是一个综合性的概念，涵盖了个体的兴趣、技能、价值观以及职业目标和计划等多个方面。在职业选择和发展过程中，个体需要综合考虑这些方面，并在不同维度间做出权衡和取舍。例如，一个人可能对某个职业领域有浓厚的兴趣，但目前缺乏相关技能，因此他可能需要考虑进一步学习和培训来达到职业目标。又或者，一个人可能有特定的职业技能，但对这个领域的兴趣不高，那么他可能需要重新思考职业发展方向，以兼顾兴趣和能力。在职业导向的多维性中，个体需要认识自己的优势和劣势，理清自己的职业目标，并根据自身情况做出明智的职业选择和规划。

（二）动态性

职业导向具有动态性，它不是一成不变的，而是会随着个体的成长和经验积累而不断发展变化。以下是关于职业导向动态性的几个重要方面：

1. 兴趣与经验

个体的职业兴趣可能会随着不同的学习和工作经验而发生变化。通过教育和实践，个体可能对不同领域的工作有更深入的了解，从而对自己的兴趣进行重新评估和调整。一个人可能在某个阶段对某个职业非常感兴趣，但随着时间的推移和经验的积累，他可能发现自己更适合或更喜欢其他领域的工作。

2. 技能与成长

职业导向也受到个体技能和能力的影响。个体可能通过不断学习和培训，获得新的技能和知识，从而增强在特定职业领域的竞争力和兴趣。这些新的技能可能会引导个体对职业选择和发展进行调整和重新规划。

3. 职业发展阶段

不同的职业发展阶段也会影响个体的职业导向。年轻人可能更倾向于探索和尝试不同的职业，而年长的人可能更关注职业稳定性和长期发展。随着年龄和经验的增长，个体对职业发展的追求和期望可能会有所不同。

4. 外部环境变化

职业导向也受到外部环境的影响，包括经济、社会和行业发展等因素。行业的变化、技术的进步、就业市场的需求等都可能会影响个体的职业选择和发展计划。

因此，职业导向是动态的，个体需要不断地自我评估、反思和调整，以适应不断变化的职业环境和个人成长需求。职业发展是一个持续的过程，个体应该积极主动地了解自己的兴趣、技能和价值观，随时准备做出职业规划和调整，以实现自己职业生涯的目标和愿景。

（三）个体差异性

职业导向的个体差异性是非常重要的，每个人的职业导向都是独特的，受到多种因素的综合影响。以下是一些影响职业导向个体差异性的因素：

1. 性格特点

个体的性格特点对职业导向有着深远影响。有些人可能更喜欢与人打交道，适合从事与人互动的职业，而有些人可能更倾向于独立思考，适合从事需要独立工作的职业。性格的外向性、内向性、责任心、冒险精神等特点都可能塑造个体的职业兴趣和选择。

2. 个人的能力和技能

个体的能力和技能也是影响职业导向的重要因素。每个人都有自己擅长的领域和技能，这些能力会影响个体在不同职业领域的竞争力和职业发展方向。

3. 价值观和信念

个体的价值观和信念对职业导向起着重要作用。个体的价值观可能影响对工作目标和职业发展的追求，决定个体是否愿意为特定的职业目标而努力。

4. 生活经历和环境

个体的生活经历和成长环境也会影响职业导向。家庭、社会和文化背景等都可能对个体的职业选择和职业规划产生影响。

5. 职业认知

个体对不同职业的了解和认知程度也会影响职业导向。对不同职业的认知程度越深入，个体对自己的职业兴趣和选择也越明确。

由于个体差异性的存在，职业导向的理解和评估需要注重个体的独特性。在职业咨询和发展过程中，需要根据个体的性格、能力、价值观和生活经历等方面的差异，提供个性化的职业指导和规划。同时，个体也应该不断地自我了解和探索，认识自己的优势和劣势，以更好地做出职业选择和发展决策，实现自己的职业目标。

（四）预测性

确实，尽管职业导向具有动态性和个体差异性，但它仍然具有一定的预测性。研究表明，职业导向与个体的职业选择、职业满意度以及职业成功等方面存在着密切的关联，因此职业导向可以作为预测和解释个体职业行为的重要变量。

1. 职业选择

个体的职业导向会影响他们对不同职业的选择。例如，如果一个人对某个领域的兴趣很高，并且具备相应的技能和能力，那么他更有可能选择从事与该领域相关的职业。职业导向可以帮助个体明确自己的职业兴趣和目标，从而指导职业选择。

2.职业满意度

个体的职业导向与他们在特定职业中的满意度有关。当个体选择了与自己职业导向相符的职业，他们更有可能感到满意和满足。相反，如果个体选择了与自己职业导向不符的职业，可能会感到不满和失落。

3.职业成功

职业导向也与个体在职业中的成功密切相关。如果个体选择了与自己职业导向相符的职业，并发挥了自己的优势和技能，他们更有可能在职业中取得成功。职业导向可以影响个体在职业中的动机和努力程度，从而影响职业成就和表现。

4.职业发展

职业导向还可以预测个体的职业发展轨迹。个体对特定职业的兴趣和目标会影响他们在职业中的进步和发展方向。

三、职业导向与其他概念的区别与联系

（一）职业导向与职业兴趣

职业兴趣通常指个体对特定职业或工作领域的偏好程度。它是职业导向的一部分，但职业导向更全面，还包括个体的职业技能、价值观以及职业发展目标和计划等方面。换言之，职业兴趣可能会影响个体的职业导向，但职业导向并不等同于职业兴趣。

（二）职业导向与职业满意度

职业满意度是个体对当前职业或工作的满意程度。它受到多种因素的影响，如工作环境、工作内容、薪酬福利以及职业发展机会等。职业导向可以影响个体的职业满意度，但两者并不等同。例如，一个人可能对自己的工作非常满意，但这并不意味着他的职业导向就一定与这份工作相符。

（三）职业导向与职业选择

职业选择是个体基于自己的职业导向做出的职业决策。职业导向影响个体的职业选择，但两者并不等同。例如，一个人的职业导向可能更偏向于创造性的工作，但由于实际条件的限制，他可能选择了一份与其职业导向不完全相符的工作。

（四）职业导向与职业规划

职业规划是个体根据自己的职业导向制定的职业发展计划。它包括个体对自己未来职业发展的目标、策略以及行动计划。职业导向是职业规划的基础，但两

者并不等同。职业规划需要考虑到个体的职业导向，但同时也需要考虑到实际条件和环境的影响。

四、职业导向的理论基础

（一）知识经济对职业导向的影响

知识经济是指在当今社会，知识和信息的生产、传播和应用成为经济发展的主要驱动力的经济形态。在知识经济的背景下，职业导向受到了显著的影响，具体体现在以下几个方面：

1.技能需求的变化

知识经济的兴起导致传统体力劳动岗位的减少，而对知识和技能的需求不断增加。现代职业导向更加重视个体的学习和技能培养，以适应不断变化的工作环境和职业要求。

2.职业多样性的增加

知识经济的发展催生了许多新兴职业和行业。技术的不断进步和创新使得人们可以选择更多不同类型的职业道路。职业导向在知识经济时代需要更加灵活和多元，个体需要根据自己的兴趣和能力来选择适合的职业发展方向。

3.终身学习的重要性

在知识经济时代，知识和技能的更新速度很快，传统的教育和培训已经无法满足职业发展的需求。职业导向强调终身学习的重要性，个体需要不断学习和进修，以保持职业竞争力和适应职业变化。

4.职业生涯的可持续发展

知识经济的特点是不断变化和创新，职业导向不再是简单地选择一个职业，而是要关注职业生涯的可持续发展。个体需要在职业生涯中不断调整和规划，以适应职业发展的需要。

5.创业和自主就业的增加

知识经济时代，技术的进步和创新为个体提供了更多创业和自主就业的机会。职业导向也要考虑个体是否适合从事创业和自主就业，并为此提供相应的支持和指导。

知识经济对职业导向产生了深远的影响。职业导向在知识经济时代需要更加注重学习能力和技能培养，关注职业多样性和可持续发展，强调终身学习和适应变化的能力，以适应现代职业发展的要求。

（二）职业决策理论

职业决策理论研究个体在职业选择和职业发展过程中的决策过程和影响因素。以下两种职业决策理论对职业导向产生了深远影响。

1.超级的生涯发展理论

超级的生涯发展理论是由美国心理学家唐纳德·舒伯在 20 世纪 60 年代末和 70 年代初提出的，是现代职业发展理论中的重要组成部分。该理论强调职业生涯是一个持续的、动态的过程，个体在不同的生涯阶段会有不同的职业发展需求和目标。根据超级的理论，个体的职业导向会随着成长和经验的积累而发生变化，职业生涯是一个不断演变的过程。

根据超级的生涯发展理论，个体的职业发展可以分为以下五个阶段：

探索阶段：这个阶段主要发生在童年和青少年时期，个体开始探索和了解不同的职业选项，并形成初步的职业兴趣和偏好。

策划阶段：这个阶段主要发生在青少年末期和早期成年期，个体开始进一步探索具体的职业领域，并做出初步的职业选择。

确定阶段：这个阶段主要发生在成年早期，个体进入实际的职业领域，并建立起稳定的职业身份。

维持阶段：这个阶段主要发生在成年中期，个体在已经确立的职业中进行巩固和维持，寻求进一步的职业发展和成长。

退出阶段：这个阶段主要发生在成年后期和退休阶段，个体逐渐从职业中退出，准备退休或寻求新的生涯可能性。

舒伯的超级的生涯发展理论提供了一个有助于理解职业发展和决策的框架。它认为个体在不同阶段有不同的职业需求和目标，因此在职业规划和选择时，需要考虑个体当前所处的生涯阶段和发展需求。这种理论思想和技术体系在美国得到了广泛推广和应用，并对全球范围内的职业生涯教育和发展产生了深远的影响。20 世纪 70 年代，美国政府将生涯教育视为有前途的教育事业，并通过《生涯教育法案》为开展职业生涯教育提供法律支持，使得舒伯的理论成为全国各级学校生涯教育的重要理论基础。其影响力也传播至其他国家，推动了职业生涯教育在全球范围内的发展。

2.霍兰德的职业类型理论

霍兰德的职业类型理论是职业发展和职业选择领域中广泛应用的理论之一。该理论由美国心理学家约翰·霍兰德在 20 世纪 50 年代末到 60 年代初提出，其目的是帮助人们理解个体在职业领域中的兴趣和偏好，从而指导个体做出与其个性相匹配的职业选择。

霍兰德将个体的职业兴趣分为六种基本类型，每种类型代表一种职业取向和价值观，个体在这六种类型中可能有多种倾向。以下是霍兰德职业类型理论的六种类型：

现实型：现实型的人喜欢从事与物质、机械、技术和实际工作相关的职业。他们通常对手工技能和物理工作感兴趣，如机械师、电工、工程师等。

研究型：研究型的人喜欢解决问题、进行科学研究和探索新知识。他们对分析、调查和研究工作有兴趣，如科学家、研究员、数据分析师等。

艺术型：艺术型的人喜欢创造和表达自己的想法和情感，他们通常对艺术、文学和创意性工作感兴趣，如艺术家、作家、设计师等。

社会型：社会型的人喜欢与他人合作、关心他人并帮助他人，他们通常对人际交往和社会服务类工作感兴趣，如教师、社工、医护人员等。

企业型：企业型的人喜欢领导和影响他人，他们通常对商业和管理类职业感兴趣，如销售人员、企业经理、市场营销专员等。

常规型：常规型的人喜欢有组织、有秩序和规范的工作环境，他们通常对办公室和行政工作感兴趣，如会计、秘书、办公室管理员等。

霍兰德的理论认为，个体在这六种职业类型中可能有一个或多个主导类型，个体的职业兴趣和职业导向与这些主导类型相关联，倾向于某种类型的人更可能选择与之相匹配的职业。例如，对于一个社会型的人，他更可能选择从事与人际交往和社会服务有关的职业，如教师或医护人员。

霍兰德职业类型理论被广泛应用于职业咨询和职业发展领域。通过了解个体的职业兴趣和职业类型，可以帮助个体做出更加明智和符合自己个性的职业选择，从而提高职业满意度和成就感。该理论的应用也扩展到职业教育和培训领域，为个体提供更有针对性的职业规划和发展建议。

（三）人力资本理论

人力资本理论是经济学和人力资源管理领域的一个重要理论，它强调个体的知识、技能和能力是一种资本，就像其他形式的资本一样，可以通过教育和培训来增值和投资。在职业导向中，人力资本理论对个体的职业选择和发展产生着重要的影响。

根据人力资本理论，个体通过学习和培训来获取和积累人力资本，这些知识和技能可以提高个体在职业市场上的竞争力和薪酬水平。因此，职业导向强调个体应该考虑自己的职业导向和兴趣，选择适合自己发展和成长的职业。个体在职业规划中会权衡不同职业的发展前景和回报，选择能够为自己的人力资本增值的职业路径。

人力资本理论还强调终身学习的重要性。随着社会的不断变化和技术的进步，个体需要不断学习和更新自己的知识和技能，以适应职业市场的需求。因此，职业导向鼓励个体在职业生涯中不断进修和学习，以提高自己的职业竞争力和适应性。

此外，人力资本理论也对教育和培训政策产生着重要影响。政府和组织可以通过投资于教育和培训，提高整个社会的人力资本水平，从而促进经济的发展和提高国家的竞争力。

综上所述，人力资本理论强调个体的知识、技能和能力是一种重要的资本，通过教育和培训来增值。在职业导向中，个体会考虑自己的职业导向和兴趣，选择能够为自己的人力资本增值的职业，以提高自己在职业市场上的价值。同时，终身学习和持续发展也是职业导向中的重要方向，个体需要不断学习和提升自己的知识和技能，以适应职业市场的变化和需求。

（四）竞争力理论

竞争力理论是职业导向中的一个重要理论，它强调个体在职业市场中的竞争力和竞争优势。在现代职业发展中，个体面临激烈的竞争，竞争力的强弱将直接影响到个体在职业市场中的职业选择和职业发展。

竞争力理论关注个体的技能、经验、学历和个性特点等方面的优势。个体在选择职业方向时会考虑自己是否具备相应的竞争优势。例如，一个拥有特定技能和经验的个体可能会选择与其技能相匹配的职业领域，以在该领域中获得竞争优势。另外，个体的学历和专业背景也会影响其在职业市场中的竞争力。个体通常会选择与其学历和专业背景相符合的职业，以发挥其所学的专业优势。

竞争力理论还强调个体的综合素质和个性特点对职业导向的影响。个体的性格、价值观、兴趣和个性特点也会在职业选择中发挥作用。例如，一个具有良好沟通能力和团队合作精神的个体可能更适合从事与人际交往和团队合作密切相关的职业，如销售人员或团队经理。

在竞争力理论的指导下，个体会根据自身的优势和特点选择能够发挥优势的职业方向，以提高在职业市场中的竞争力和就业机会。同时，个体也会通过不断学习和自我提升，增强自己的竞争力，适应职业市场的变化和需求。

总之，竞争力理论强调个体在职业市场中的竞争力和竞争优势。个体会考虑自己的技能、经验、学历和个性特点，选择能够发挥自己优势的职业方向，以获得更好的职业发展机会。在竞争力理论的指导下，个体会通过自我提升和学习，增强自己的竞争力，以适应职业市场的挑战和变化。

（五）社会认知职业理论

社会认知职业理论是职业导向领域的一个重要理论，它将职业选择视为个体的社会认知过程。在这一理论中，个体的职业导向和兴趣受到社会环境和他人的影响，特别是他人的职业选择和成功经历。

根据社会认知职业理论，个体通过观察和模仿他人的职业经验，形成自己的职业导向和兴趣。家庭成员、同学、同事等身边的人对个体的职业选择有着显著影响。例如，一个家庭中有医生成员的个体可能更倾向于选择与医疗相关的职业，因为他们受到了家人职业的启发和影响。同样，同学或同事的职业成功经历也会对个体的职业导向产生积极影响，激励个体选择与之相似的职业路径。

社会认知职业理论还强调个体在职业选择中的社会比较。个体往往会将自己与他人进行比较，参考他人的职业选择和职业成功，从而形成自己的职业导向。如果个体认为某种职业在社会上受到高度认可和回报，他们可能更倾向于选择这样的职业。

此外，社会认知职业理论也指出个体在职业选择中可能会受到性别、文化和社会角色等方面的影响。社会对于不同性别在特定职业领域的期望和认可，以及不同文化对职业的偏好和评价，都可能影响个体的职业导向和兴趣。

在社会认知职业理论的指导下，个体会更加关注他人的职业选择和成功经历，从中汲取启示，并根据自己的社会比较和价值观来形成自己的职业导向。这一理论提醒个体在职业选择中要注意社会环境和他人的影响，同时也反映了职业导向是一个多元影响的过程，不仅受个体内部因素影响，还受到外部社会因素的塑造。

第二节　职业导向在高等教育中的作用

在当今全球化和知识经济的时代，高等教育扮演着越来越重要的角色，被认为是培养未来社会领袖和专业人才的摇篮。随着社会的不断变革和职业领域的日新月异，高等教育面临着更多的挑战和责任，需要更好地满足学生职业发展的需求。职业导向作为高等教育的一个重要方向，被广泛认为是帮助学生实现职业成功和个人成长的有效途径。

一、高等教育与职业导向

（一）高等教育的角色和目标

高等教育在现代社会中扮演着至关重要的角色，它不仅仅是传授学科知识的场所，更是培养全面发展、具备综合素养和专业技能的高素质人才的摇篮。高等教育的角色和目标主要包括以下几个方面：

1. 人才培养

高等教育的首要任务是培养高素质、创新型的人才。它通过开展各类学科专业教育，为学生提供系统性、专业化的知识和技能培养，使他们成为具备学科专业素养、熟练掌握专业技能的人才，能够胜任各类工作和职业。

2. 科学研究

高等教育是科学研究的重要场所。大学拥有丰富的研究资源和优秀的科研团队，开展前沿科学研究，推动学科的进步和发展，为社会进步和经济发展提供新知识、新技术和新方法。

3. 文化传承与创新

高等教育不仅是传承历史文化的重要阵地，也是文化创新的重要力量。通过人文社会科学、艺术和人文教育，高等教育为学生提供广阔的文化视野和思维方式，培养他们具备文化素养和创新意识。

4. 社会服务

高等教育承担着为社会服务的使命。大学通过开展社会实践活动、提供咨询服务、参与社区建设等方式，将知识和技能应用于社会实践，为社会问题的解决和社会进步作出贡献。

5. 人格塑造与价值观教育

高等教育不仅关注学生的学科知识和专业技能，还注重培养学生的道德品质、价值观念和社会责任感。通过教育与引导，高等教育努力塑造学生全面发展、有社会责任感的人格。

综上所述，高等教育的角色和目标在于培养高素质的人才，推动科学研究，传承和创新文化，为社会服务，以及塑造学生的人格和价值观念。这些目标共同构成了高等教育的使命和责任，也为学生未来的职业发展和社会贡献奠定了坚实的基础。

（二）职业导向在高等教育中的地位和意义

职业导向在高等教育中拥有重要的地位和深远的意义，它是高等教育的重要组成部分，对学生的职业发展和未来职业生涯产生积极影响。以下是职业导向在高等教育中的地位和意义的具体阐述：

1.职业发展规划

职业导向帮助学生了解自己的兴趣、技能和价值观，并将其与职业市场的需求相匹配。通过职业发展规划，学生能够明确自己的职业目标，制定有效的职业发展计划，为未来的职业生涯奠定基础。

2.提高学生的职业竞争力

职业导向教育注重培养学生的综合素质和职业技能，使他们具备适应职业市场变化的能力。学生在职业导向的指导下，能够掌握与职业相关的知识和技能，提高自己在职业市场中的竞争力和就业率。

3.促进学生的自我认知和职业选择

职业导向帮助学生认识自己的优势和不足，清楚自己适合从事的职业类型和领域。这有助于学生做出明智的职业选择，避免盲目跟风，减少职业迷茫和换岗率。

4.链接学校和职业社会

职业导向使高等教育机构与职业社会之间建立紧密的联系。学校可以与企业、行业和职业组织合作，为学生提供实践机会、实习机会和就业机会，促进学生顺利融入职业社会。

5.增强高等教育的社会效益

通过实施职业导向教育，高等教育可以更好地满足社会对各类人才的需求，培养更多对社会有用的人才。这有助于提高高等教育的社会影响力和社会认可度。

6.培养社会责任感和职业道德

职业导向不仅关注学生的职业技能，还注重培养学生的社会责任感和职业道德。通过道德教育和社会参与，学生能够树立正确的职业价值观，为社会作出积极贡献。

（三）职业导向与学生职业发展的关系

职业导向与学生职业发展之间存在密切的关系，职业导向是对学生进行职业发展规划和引导的过程，它对学生的职业决策、职业选择和职业发展产生重要影响。以下是职业导向与学生职业发展的关系的具体阐述：

1. 职业目标的明确

职业导向帮助学生了解自己的兴趣、能力和价值观，从而更加清楚地确定个人的职业目标。通过对职业市场的认知和了解，学生能够选择与自己兴趣和优势相匹配的职业方向，明确自己的职业发展方向。

2. 职业选择的决策

职业导向为学生提供决策支持，使其在职业选择过程中更加理性和全面。学生通过参与职业导向的活动和辅导，可以评估不同职业的优劣势，考虑职业发展的长期影响，从而做出更加明智的职业决策。

3. 提供职业规划和培训

职业导向为学生提供职业规划和发展方案，包括学科选择、专业方向、学习计划等。同时，职业导向也提供相关的职业培训和技能培养，帮助学生掌握职业所需的知识和技能。

4. 培养职业竞争力

职业导向注重培养学生的综合素质和职业能力，使其具备适应职业市场变化的竞争力。学生在职业导向的指导下，能够不断提升自己的职业技能，增强自己在职业市场中的竞争力。

5. 职业发展的持续支持

职业导向不仅关注学生的初期职业选择，还提供职业发展的持续支持。学生可以在职业导向的指导下，不断调整和优化自己的职业规划，实现职业生涯的可持续发展。

二、职业导向在高等教育中的实施策略和方法

（一）职业规划与生涯咨询服务

1. 职业规划辅导与指导

职业规划辅导与指导是高等教育中为学生提供的重要服务，旨在帮助他们明确职业目标、制定职业规划并实现职业发展。以下是职业规划辅导与指导的重要内容：

（1）职业探索：辅导员或专业职业规划师可以与学生进行面对面交流，了解他们的兴趣、技能和价值观。通过探索个体的职业兴趣和优势，可以帮助学生更好地了解适合自己的职业方向。

（2）职业目标设定：根据学生的兴趣和能力，辅导员可以帮助他们设定明确的职业目标。设定具体的职业目标对于学生做出职业选择和规划十分重要，有助

于激发他们的职业热情和动力。

（3）职业规划制定：辅导员可以与学生共同制定职业规划，包括学科选择、专业方向、学习计划等。制定个性化的职业规划有助于学生更好地规划未来的职业生涯。

（4）职业发展策略：辅导员可以向学生介绍职业发展的策略和方法，帮助他们增加职业竞争力，如培养专业技能、积累工作经验等。

2. 生涯咨询服务的重要性与内容

生涯咨询服务在高等教育中扮演着重要角色，为学生提供针对性的咨询和支持，解决他们在职业发展过程中遇到的问题和困惑。以下是生涯咨询服务的重要性和内容：

（1）解决职业困惑：在职业发展过程中，学生可能面临各种职业困惑，如不确定自己的职业兴趣、迷茫于职业选择等。生涯咨询服务可以提供专业的指导，帮助学生解决困惑，明确职业方向。

（2）就业市场分析：生涯咨询师可以为学生提供有关就业市场的信息和分析，帮助他们了解各个行业的就业前景和趋势。了解就业市场情况有助于学生做出更明智的职业选择。

（3）职业技能培养：生涯咨询服务可以向学生推荐适合自己发展的职业技能培训课程，帮助他们提升职业竞争力。

（4）就业准备：生涯咨询师可以帮助学生准备简历、面试技巧等，提高他们的就业竞争力，增加就业成功率。

通过职业规划与生涯咨询服务，高等教育机构可以为学生提供全面的职业指导和支持，帮助他们明确职业目标，制定职业规划，并实现职业发展。这些服务有助于学生更好地适应职业市场的需求，提高职业竞争力，为未来的职业生涯做好充分准备。

（二）实践与实习机会的提供

1. 实践教育的意义和目标

实践教育在高等教育中具有重要的意义和目标，它是将学生所学的理论知识应用于实际工作和生活环境中的过程。以下是实践教育的意义和目标：

（1）职业技能培养：通过实践教育，学生可以学习和掌握实际工作中所需的职业技能，提高他们的职业竞争力。

（2）学科知识应用：实践教育有助于学生将所学的学科知识应用于实际问题解决中，增强他们的学习能力和实践能力。

（3）职业认知与适应：通过实践，学生可以更深入地了解不同职业的实际情况，增加职业认知，帮助他们更好地适应职业社会。

（4）社会责任感培养：实践教育可以促使学生认识到自己的社会责任，培养他们积极参与社会服务的意识。

2.实习机会的开发与管理

为学生提供实习机会是高等教育中实践教育的重要组成部分。以下是实习机会的开发与管理的方法：

（1）与企业和行业合作：学校可以积极与企业和行业建立合作关系，开展校企合作项目。通过与企业合作，学校可以为学生提供更多实习机会，让他们有机会在真实的工作环境中学习和实践。

（2）制定实习计划：学校可以制定实习计划，明确实习的时间、内容和目标。实习计划应该与学生的专业和职业目标相匹配，确保学生能够获得实际的职业经验。

（3）实习导师指导：为学生提供实习导师，指导他们在实习期间的学习和工作。实习导师可以是企业中的专业人士或学校的教师，他们可以提供实用的职业指导和建议。

（4）实习成果评估：学校应该对学生的实习成果进行评估和反馈。评估可以帮助学生了解自己的实习表现，找出不足之处，并进行改进。

（5）实习管理与监督：学校应该建立完善的实习管理体系，监督实习的进展和质量。同时，学校还应该与企业保持密切的沟通，了解实习情况，及时解决问题。

通过提供实践与实习机会，高等教育机构可以帮助学生将所学的知识与实际工作相结合，提高他们的职业能力和适应能力。同时，实践教育还可以培养学生的社会责任感和职业认知，为他们的职业发展奠定坚实基础。

（三）跨学科和综合能力培养

1.跨学科教育的实施策略

跨学科教育是指在教育过程中打破学科边界，将不同学科的知识和方法有机结合，培养学生综合运用知识解决问题的能力。以下是跨学科教育的实施策略：

（1）课程设计：学校可以设计跨学科的课程，将不同学科的知识融入同一门课程中。通过跨学科的课程设计，学生可以更好地理解学科之间的联系，提高综合运用知识解决问题的能力。

（2）跨学科研究项目：学校可以组织跨学科的研究项目，邀请不同学科的教师和学生共同参与。跨学科研究项目可以促进学科之间的交流和合作，培养学生的综合研究能力。

（3）跨学科实践活动：学校可以组织跨学科的实践活动，让学生在实际问题解决中运用不同学科的知识和方法。跨学科实践活动可以帮助学生拓展视野，培养跨学科思维能力。

（4）跨学科导师制度：学校可以设立跨学科导师制度，让学生在导师的指导下进行跨学科学习和研究。跨学科导师可以为学生提供专业的指导和支持，促进他们的综合能力培养。

2.综合能力培养的方法

综合能力是指学生在知识、技能和态度等多个方面的综合表现，是高等教育的核心目标之一。以下是综合能力培养的重要性与方法：

（1）培养综合思维能力：学校可以通过开设综合性的课程和项目，培养学生综合思维能力。例如，让学生参与综合性的实践项目，解决现实问题，培养他们综合运用知识解决问题的能力。

（2）强化团队合作能力：学校可以组织团队合作的学习和实践活动，培养学生的团队合作能力。团队合作是综合能力培养的重要组成部分，可以帮助学生学会有效地与他人合作，共同完成任务。

（3）提供实践机会：学校可以为学生提供丰富的实践机会，让他们在实际工作中学习和锻炼综合能力。实践是综合能力培养的重要途径，可以帮助学生将理论知识应用于实际问题解决中。

（4）培养创新能力：学校可以鼓励学生进行创新性的学习和研究，培养他们的创新能力。创新是综合能力培养的重要方面，可以帮助学生在不同学科和领域中发现新的问题和解决方案。

通过跨学科教育和综合能力培养，高等教育机构可以培养学生的综合能力，提高他们解决复杂问题和应对挑战的能力。同时，跨学科教育和综合能力培养也可以帮助学生适应职业发展和社会发展的需求，为未来的职业生涯做好充分准备。[①]

三、职业导向对学生职业准备的影响

（一）增强学生职业意识和职业选择能力

1.探索个人兴趣与价值观

职业导向对学生职业准备的影响首先体现在帮助学生探索个人兴趣与价值

① 李杨.基于就业导向的高校英语教学改革研究[J].教育现代化，2017（3）：38-39.

观。职业导向教育可以引导学生认识自己的兴趣爱好、优势和价值观，帮助他们更加清楚地了解自己适合从事哪些职业领域。通过职业兴趣测试、个性测评等工具，学生可以深入了解自己的特点和倾向，从而做出更加明智的职业选择。

2.建立明确的职业目标和规划

职业导向对学生职业准备的影响还体现在帮助学生建立明确的职业目标和规划。通过职业导向教育，学生可以了解不同职业领域的发展前景和就业需求，从而更加理性地制定职业目标。学校可以提供职业咨询服务，为学生提供有关职业发展的信息和建议，帮助他们制定长期和短期的职业规划。学生在职业目标的指引下，可以更加有针对性地选择学习内容和参加实践活动，提高他们的职业选择能力。

职业导向对学生职业准备的影响是全面的，它不仅帮助学生了解自己的兴趣和价值观，还能够引导学生建立明确的职业目标和规划。通过职业导向教育，学生可以更好地适应职业发展和社会需求，为未来的职业生涯做好充分准备。

（二）提高学生的职业竞争力和就业率

1.培养与行业需求相符合的技能

职业导向对学生职业准备的影响还表现在培养与行业需求相符合的技能。随着社会的发展和经济的变化，不同行业对人才的需求也在不断变化。职业导向教育可以帮助学生了解不同行业的技能要求，并有针对性地培养学生所需的技能。学校可以开设与行业相关的实践课程和工作坊，让学生学习和掌握实际操作技能。同时，学校可以与企业合作，提供实习机会和实践项目，让学生在实际工作中锻炼技能，增加他们的职业竞争力。

2.开发与职业需求匹配的综合素养

除了技能培养，职业导向还可以开发与职业需求匹配的综合素养。综合素养包括专业知识、综合能力、团队合作能力、创新能力、跨文化交流能力等多个方面。职业导向教育可以通过综合课程设置和实践活动，培养学生综合素养。例如，学校可以开展跨学科的综合课程，让学生学习不同学科的知识，培养他们综合思维和解决问题的能力。同时，学校可以组织团队合作项目和创新竞赛，培养学生的团队合作和创新能力。综合素养的培养可以提高学生的综合竞争力，让他们更好地适应职业发展的需要。

通过职业导向教育，学生可以获得与行业需求相符合的技能和综合素养，从而提高他们的职业竞争力和就业率。职业导向教育不仅关注学生的学术成绩，更注重培养学生与职业市场匹配的能力，帮助他们成功实现职业发展目标。

（三）促进学生的职业发展和职业成就

1.提供职业发展策略与规划的指导

职业导向在高等教育中的实施可以促进学生的职业发展和职业成就。学校可以为学生提供职业发展策略与规划的指导。通过职业规划辅导和个性化咨询，学生可以了解自己的职业兴趣和能力，明确自己的职业目标，并制定相应的职业发展计划。学校还可以组织职业发展讲座和研讨会，邀请行业专家和成功校友分享职业经验和成就，为学生提供职业导向的启示和指引。

2.提供职业发展支持与资源

职业导向在高等教育中的实施还包括提供职业发展支持与资源。学校可以设立专门的职业发展中心或就业指导机构，为学生提供职业咨询、就业信息和实习机会等资源。这些支持和资源可以帮助学生更好地了解职业市场的需求和趋势，为他们的职业发展做好准备。同时，学校还可以与企业和行业建立合作关系，开展校企合作项目和双向选择实习，为学生提供更多的职业发展机会和实践经验。

职业发展策略与规划的指导以及职业发展支持与资源的提供使学生可以更好地规划自己的职业发展路径，增强职业竞争力，实现职业目标，从而在职业生涯中取得更多的成就。职业导向的实施使学生的职业发展不再是盲目的选择，而是有针对性、有计划性的探索和实践，为他们的职业生涯奠定坚实的基础。

四、高等院校的角色和责任

（一）高校的职业导向教育政策和规划

高等院校在学生职业发展中扮演着重要的角色，其职业导向教育政策和规划是为学生提供全面职业发展支持的重要基础。以下是高校的职业导向教育政策和规划的主要内容：

设立职业发展中心或就业指导机构：高校可以设立专门的职业发展中心或就业指导机构，负责为学生提供职业规划辅导、职业测评和就业指导等服务。这些机构可以与校内教务部门和校外企业建立合作关系，为学生提供更多的实习和就业机会。

开设职业导向课程：高校可以开设职业导向课程，帮助学生了解不同职业领域的发展趋势和就业前景，培养学生的职业意识和职业选择能力。这些课程可以包括职业规划、求职技巧、职场沟通等内容，帮助学生在职业发展过程中做出明智的决策。

提供实践和实习机会：高校可以与企业和行业建立合作关系，为学生提供实践和实习机会。通过实际工作经验的积累，学生可以更好地了解职业需求和市场变化，增强职业竞争力和就业率。

引导学科交叉和综合能力培养：高校可以开展跨学科的综合课程，培养学生的综合能力和跨学科思维。这样的培养模式可以帮助学生适应多样化的职业环境和工作需求，增加他们的职业选择和发展空间。

建立校企合作平台：高校可以建立校企合作平台，为学生提供更多的校内实践和校外实习机会。与企业的合作可以让学生接触到真实的职业环境，了解行业的发展动态，为他们的职业规划和发展提供更多的参考和支持。

高校的职业导向教育政策和规划的实施，有助于为学生提供全面的职业发展支持，帮助他们建立明确的职业目标和规划，并提高他们的职业竞争力和就业率。高校在培养学生学术知识的同时，也要关注学生的职业发展需求，为他们的未来职业生涯做好充分准备。

（二）教师和辅导员在职业导向中的作用

教师和辅导员在高等教育的职业导向中扮演着至关重要的角色。他们是学生职业发展的引路人和指导者，通过专业知识和经验，帮助学生探索职业兴趣、规划职业发展，并为他们提供必要的支持和资源。以下是教师和辅导员在职业导向中的作用：

提供职业规划辅导：教师和辅导员可以通过个别辅导和小组讨论等形式，与学生进行深入交流，了解他们的职业兴趣、价值观和目标。通过分析学生的个性特点和学习成绩，帮助他们探索适合自己的职业方向，并制定相应的职业规划。

提供职业测评和评估：教师和辅导员可以使用职业测评工具和测试，帮助学生了解自己的职业兴趣和职业能力。通过测评结果，可以更准确地指导学生选择适合自己的职业，并了解自己在特定职业领域中的竞争优势和发展潜力。

推荐实习和就业机会：教师和辅导员可以向学生推荐与其职业目标相符合的实习和就业机会。他们可以利用自己的社会资源和校企合作关系，为学生提供更多的实践机会和职业发展平台，帮助他们积累职业经验和建立职业网络。

培养职业技能和综合素养：教师和辅导员可以帮助学生培养与职业需求相匹配的职业技能和综合素养。他们可以将职业导向融入教学过程中，设计与职业相关的课程和项目，培养学生的职业能力和就业竞争力。

提供职业发展支持：教师和辅导员可以为学生提供职业发展方面的支持和资源。他们可以为学生提供职业信息和就业指导，帮助他们了解职业市场的需求和趋势，为自己的职业发展做出明智的决策。

教师和辅导员在职业导向中的作用是不可忽视的。他们不仅在学术上为学生提供指导，更在职业发展方面为学生提供支持和帮助，帮助他们在职业生涯中做出明智的选择，实现自己的职业目标和成就。通过教师和辅导员的引导和帮助，学生可以更好地了解自己，规划自己的职业生涯，并为未来的职业发展做好充分准备。

（三）校企合作与产业对接

校企合作与产业对接是高等院校职业导向教育中的重要组成部分，它建立了学校与企业之间的紧密联系，促进了学生的职业发展和就业机会。以下是校企合作与产业对接在职业导向中的作用和实施策略：

首先，校企合作为学生提供了更多的实践和实习机会。学生可以在企业中实践所学的知识和技能，了解职业岗位的真实工作环境，增加职业经验和实际操作能力。通过实习，学生可以更好地适应职业生涯的挑战，并提高职业竞争力。

其次，校企合作可以促进职业导向课程的开发。学校可以根据企业的实际需求，开设与职业发展相关的课程，如职业规划、求职技巧、职场沟通等。这些课程可以帮助学生了解职业市场的情况，掌握就业技巧，为他们的职业发展做好准备。

再者，校企合作为学生提供职业发展支持和资源。企业可以为学生提供就业信息和职业指导，帮助他们了解不同职业领域的就业前景和要求。同时，企业可以为学生提供实习和就业机会，为他们的职业发展提供更多的选择和机遇。

最后，校企合作可以举办职业导向活动和交流会。学校可以邀请企业代表来校园进行职业讲座和招聘活动，让学生了解不同职业领域的发展情况和就业机会。这些活动可以帮助学生与企业进行互动和交流，拓展职业视野，为他们的职业规划提供更多的参考和启发。

通过校企合作与产业对接，高等院校可以更好地为学生的职业导向教育提供支持和帮助。校企合作搭建了学校与企业之间的桥梁，促进了学生的职业发展和就业机会。同时，通过产业对接，学校可以更准确地了解职业市场的需求和趋势，为学生的职业发展提供更多的参考和支持。

第三节 职业导向与英语教学的关系研究

职业导向与英语教学之间的关系一直是教育界和语言教学领域广受关注的话题。随着全球化的推进和社会经济的快速发展，英语作为一门全球通用的语言在职场和学术界的重要性日益凸显。高校英语教学在适应这一变化的同时，也不断探索如何更好地培养学生与职业相关的语言技能和素养，以满足他们在未来职业生涯中的需求。

一、职业导向在英语教学中的重要性

（一）提高学习的针对性和实用性

职业导向的英语教学强调将教学内容与实际工作环境和职业技能需求结合起来。这种方法可以帮助学生获得更实用、更具有针对性的语言技能，使他们能够在实际工作中更有效地运用所学的英语。

（二）增强学生的学习动机

当学生看到学习内容与他们的职业目标直接相关时，他们的学习兴趣和动力可能会得到显著提高。学习的内容和目标与他们的未来工作和生活紧密相连，这可以增强他们的学习积极性和投入度。

（三）提升学生的就业竞争力

在当前的全球化环境中，掌握一门或多门语言是非常重要的竞争优势。职业导向的英语教学可以帮助学生获得实际工作中需要的英语技能，从而在求职市场上更具竞争力。

（四）满足社会和经济需求

随着全球化的发展，企业和组织对英语技能的需求越来越大。职业导向的英语教学可以更好地满足这些需求，为社会和经济的发展贡献力量。

（五）培养全球公民

职业导向的英语教学也可以帮助学生理解不同文化，学习如何在多元文化环境中有效交流，这对于培养全球公民意识和跨文化交际能力非常重要。

总的来说，职业导向在英语教学中的重要性不言而喻，它可以帮助学生提升语言技能，提高就业竞争力，同时也有利于满足社会和经济的需求。

二、基于职业导向的英语教学的概念

基于职业导向的英语教学是指将教学内容、教学方法和教学目标与学生的未来职业需求紧密结合的一种英语教学模式。这种教学模式主要是帮助学生获得实际工作中所需的英语语言技能，例如写作报告、与同事或客户沟通、参加会议等。①

在职业导向的英语教学中，教学内容通常会根据特定行业或职业的需要进行设计。例如，对于医学学生，英语教学可能会聚焦于医学术语和病人沟通的语言；对于商务专业的学生，英语教学可能会包括商务谈判、写作商务报告等内容。

此外，职业导向的英语教学也强调在真实或仿真的工作环境中使用英语。这可能包括进行角色扮演、解决实际问题、进行项目合作等活动。这样做旨在提高学生的语言应用能力，帮助他们在真实世界中有效地使用英语。

基于职业导向的英语教学旨在使学生的英语学习更有目的性，更符合他们的实际需求，同时也有助于提高他们的就业竞争力。

三、职业导向对英语教学成效的影响

（一）学生学习动机的提升

职业导向的英语教学可以更直接地与学生的未来职业目标相联系，让他们明白所学习的内容与他们的职业生涯、个人发展有直接的联系。这样的教学方式可以提高学生的内在动机，使他们更愿意投入英语学习中去。

1. 内在动机的激发

职业导向的英语教学关注学生未来职业的需求，这种紧密的关联可以激发学生的内在学习动机。内在动机是指出于对活动本身的兴趣和满足感而进行的学习。在我国大学生心目中，英语学习不仅与个人就业、薪水联系在一起，还有着报效父母和国家的心理意义。当学生看到英语学习与他们未来找到好的工作有着直接的联系，他们便能更清楚地看到学习的价值，从而增强了学习的积极性和主动性。②

2. 目标导向的学习

职业导向的英语教学鼓励学生设立具体的、与职业相关的学习目标。比如，学生可能的目标是能够进行专业的口头报告，或者能够阅读和理解业务报告等。这些具体和有意义的目标可以提供清晰的学习方向，帮助学生更有针对性地学习。

3. 实用性的强调

职业导向的英语教学强调英语的实用性，强调将英语应用到实际工作场景

① 吴景华. 基于就业导向的高校英语教学改革趋向探讨 [J]. 海外英语，2019（9）：114-115.
② 高一虹，赵媛，程英，周燕. 中国大学本科生英语学习动机类型 [J]. 现代外语，2003（1）：28-38.

中。这种实用性的强调可以使学生认识到英语学习的重要性，以及他们所投入的努力将如何转化为实际的职业成果。这种感知的提升可以使学生更有动力投入学习中。

4. 自我效能感的提升

在职业导向的英语教学中，学生将面对更多与真实工作场景相关的任务和挑战。在成功完成这些任务并获取积极反馈后，学生的自我效能感将得到提升。自我效能感是指个体对自己完成特定任务的信心。高自我效能感可以激励学生更积极地面对学习挑战，增强其坚持学习的动力。

（二）学生英语技能的提升

由于职业导向的英语教学着重于实用性和针对性，更注重的是对学生专业知识的运用能力的培养，规避掉传统英语教学中不易理解且极少运用的理论知识，因此学生在学习过程中会更加注重英语的实际应用，从而更有效地提高他们的听说读写等综合英语技能。[①]

1. 提升综合英语技能

职业导向的英语教学不仅包括传统的听、说、读、写技能训练，同时还强调这些技能在实际工作中的应用。通过设定和职业相关的任务，学生有更多机会将这些技能综合使用，例如，在解决一个业务问题的过程中，学生可能需要听取相关讲座（听力）、与团队成员讨论（口语）、阅读相关资料（阅读）并撰写解决方案（写作）。这种综合技能的训练可以提升学生在实际情境中使用英语的能力。

2. 提升职业英语技能

职业导向的英语教学重点训练学生在特定职业环境中使用英语的能力。例如，商务英语教学可能会教授如何撰写商务报告、如何进行商务谈判等技能；科技英语教学可能会教授如何阅读和撰写科技论文等技能。这种职业英语技能的提升可以帮助学生在未来的工作中更有效地使用英语。

3. 提升跨文化交际能力

在职业导向的英语教学中，学生可能需要与来自不同文化背景的人进行交流。这种交流可以提升他们的跨文化交际能力，帮助他们在全球化的工作环境中更有效地使用英语。

4. 提升自主学习能力

职业导向的英语教学鼓励学生自主探索和解决问题，这种教学方式可以提升学生的自主学习能力。自主学习能力是终身学习的重要部分，对于学生未来的职

---

① 张芳芳. 以就业为导向的高校英语教学创新策略探析 [J]. 文学少年，2021（34）：264-266.

业发展非常重要。

（三）学生职业技能的提升

职业导向的英语教学是一个培养学生职业技能的过程，不仅可以提升学生的团队合作能力、项目管理能力、沟通和谈判能力、解决问题能力，还可以培养他们的职业素养，为他们未来的职业生涯打下坚实的基础。

1. 团队合作能力

职业导向的英语教学经常设置团队项目，要求学生合作完成。在这个过程中，学生可以学习如何在团队中有效地交流，如何分配和协调任务，如何处理团队冲突等。这些团队合作的经验能够帮助学生在未来的工作中更好地与他人合作。

2. 项目管理能力

在职业导向的英语教学项目中，学生可能需要管理整个项目的进度，包括设定项目目标，计划任务，监控进度，调整计划等。这种经验可以帮助学生在未来的工作中更好地管理项目。

3. 沟通和谈判能力

在职业导向的英语教学中，学生可能需要进行模拟的商务谈判，或者参与真实的工作讨论中。这些经历可以让学生学习和练习如何进行有效的沟通和谈判，如何理解并尊重他人的观点，如何提出并支持自己的观点等。

4. 问题解决能力

职业导向的英语教学强调在实际情境中使用英语解决问题。在解决问题的过程中，学生可以学习如何分析问题，如何提出并评估解决方案，如何执行解决方案等。这种问题解决能力在未来的工作中非常重要。

5. 职业素养

除了具体的职业技能，职业导向的英语教学还可以培养学生的职业素养，如职业道德，职业责任感，职业发展规划等。这些职业素养对于学生未来的职业生涯发展同样非常重要。

四、基于职业导向的高校英语教学顺应英语教学新趋势

（一）高校英语教学由通用英语向 ESP 的转型趋势分析

自 2016 年以来，我国高校积极推动向应用技术型本科转型发展试点工作，这一转型工作包括人才培养定位、培养方案的调整优化、课程体系的调整与优化

以及校企合作的加强等方面。这一转型努力旨在更好地满足社会对高等教育和人才培养的需求，使高校培养出更具实践能力和适应性的毕业生，以促进我国社会和经济的发展。

在这个转型过程中，高校英语教学也经历了重要的变革。2017年，教育部明确将专门用途英语（ESP）教学纳入了《大学英语教学指南》。这一改革使高校英语教学不再仅注重通用英语的教学，更加强调学生在专业或未来工作领域中的实际应用能力。具体来说，高校英语教学在工具性上更加突出，强调培养学生在学术或职业领域进行交流的能力。

随着高校英语教学从通用英语（EGP）向专门用途英语（ESP）教学的转型，可以预见的扩展包括：

实践导向的教学内容：高校英语教学将更加关注学生在实际职场中所需的语言技能。课程内容将更加贴近学生所学专业，帮助学生熟悉相关行业的专业词汇和用语，提高与专业人士进行有效沟通的能力。

强化校企合作：为了更好地满足学生职业发展需求，高校将加强与企业和行业的合作。通过与实际工作场景结合的教学，学生能够更好地理解专业知识并将其应用到实际工作中。

开发专业化课程：高校将针对不同专业开发专业化的英语课程，涵盖学术英语和职业英语，帮助学生在不同领域中拥有灵活应对的语言能力。

教师专业发展：高校英语教师需要不断提升自己的教学水平和专业知识，了解相关行业的发展动态，为学生提供最新、最实用的职业英语教学内容和指导。

融入教育技术：教育技术的发展为英语教学提供了新的机遇。高校英语教学可以融入在线学习、虚拟实境教学等创新教学方法，以更好地满足学生的学习需求。

高校英语教学朝着通用英语向专门用途英语转型的大势发展，将更加注重培养学生在专业领域内的实际语言运用能力，加强校企合作，开发专业化课程，并不断创新教学方法。这些变革将有助于更好地适应社会发展的需要，为学生的职业发展和个人成长提供更加有价值的英语教育。

（二）ESP 概述

ESP 是专门用途英语（English for Specific Purposes）的缩写，它指的是以满足特定学科领域或特定职业需求为目标的英语教学和学习。与传统的通用英语教学相比，ESP 更侧重于培养学生在特定专业领域中的语言能力和实际运用能力，使他们能够在学术、职业或专业领域中有效地进行交流和沟通。

ESP 的概念最早可以追溯到 20 世纪 60 年代。在这个时期，随着全球化和科技进步的推动，英语在学术、科技、商务等领域的使用越来越普遍。人们开始意识到，传统的通用英语教学难以满足不同专业领域学生的特定需求，许多研究人员、教育工作者和政策制定者开始关注这一需求，因此提出了专门用途英语的概念。

自那时起，ESP 逐渐得到学术界和教育界的认可和重视，并在全球范围内发展壮大。到 80 年代，ESP 研究逐渐扩展到不同学科领域，包括工程学、医学、经济学、法律、旅游等，形成了各种不同领域的专门用途英语教学。同时，ESP 的理论和方法也在不断发展和完善，逐渐形成了独立的教学体系。

到了现代，ESP 已经成为应用语言学的一个重要分支，并在全球范围内广泛应用。它在高等教育和职业教育中发挥着重要作用，帮助学生更好地适应不同学科和职业领域的需求，为他们未来的学术和职业生涯奠定坚实基础。同时，随着全球化的不断深入，ESP 的重要性还将继续增加，因为英语在跨国交流和全球合作中的地位越发重要。

（三）基于职业导向的高校英语教学是高校英语课程与 ESP 的有效整合

基于职业导向的高校英语教学与专门用途英语（ESP）教学的转型趋势有着内在的联系和一致性。两者都强调英语教学应更加关注实际应用，特别是与学生的专业学习和未来职业发展紧密相关的应用。

基于职业导向的高校英语教学实际上是高校英语课程与 ESP 的有效整合。这种整合将通用英语教学和专门用途英语教学相结合，旨在更好地满足学生在职业领域内的实际需求。

这种整合可以通过以下方式实现：

课程内容与学科领域相结合：职业导向的高校英语课程会根据学生所学专业或感兴趣的职业领域，融入相关的学科内容和专业词汇。这样，学生不仅学习英语语言本身，还了解如何在专业领域中运用英语。

实践导向的教学：职业导向的高校英语教学注重实际应用能力的培养。通过案例分析、模拟商务谈判、职业演讲等实践活动，学生可以更好地掌握与职业相关的语言技能。

校企合作和行业导向：职业导向的高校英语教学与企业和行业密切合作。了解行业需求，调整教学内容和方法，使教学更符合实际用途。这样学生可以更好地适应未来职业要求。

专业化教师团队：职业导向的高校英语教学需要具有相关专业背景的教师，

他们了解学生所学专业领域的特点和需求，能够为学生提供更有针对性的教学指导。

　　综上所述，基于职业导向的高校英语教学是将高校英语课程与 ESP 的有效整合，将通用英语教学与专门用途英语教学有机结合，为学生提供更实用、更适应职业发展的英语教育。这种整合有助于提高学生的职业竞争力，培养他们在未来职业生涯中所需的语言技能和职业素养。

第四章　基于职业导向的高校英语教学内容改革策略

第一节　教学内容改革的理论与需求分析

在新时代的大背景下，高校英语教学内容改革是迎接未来挑战的关键一步。本节将聚焦于理论与需求分析，为高校英语教学内容改革寻找科学的指导和依据。

一、高校英语教学内容改革的理论依据

（一）职业教育理论

1.职业教育的定义与目标

职业教育，通常也被称为职业技术教育或职业培训，指的是为了提供特定行业或领域所需的技能、知识和态度的教育。其目标是帮助学生准备进入职场，或者为现有工作提升技能。职业教育往往侧重于实践技能和应用知识的学习，旨在满足特定行业的技能需求。

2.职业教育与英语教学内容改革的关系

职业教育理论为高校英语教学内容改革提供了理论依据。在职业导向的英语教学中，教学内容和方式需要更加聚焦于行业或领域的具体需求，包括专业词汇的掌握，特定环境下的语言应用，以及相关的专业技能。这种方式的教学更加注重实用性，能够帮助学生更好地将学习的英语知识和技能应用于未来的职业生涯。

3.职业教育理论对英语教学内容设计的启示

首先，英语教学内容应更加贴近实际工作需求。这需要教师熟悉行业需求，

将行业特定的词汇、表达方式和专业用语融入教学中。其次，英语教学应强调实践性。教师可以设计模拟实际工作环境的教学活动，让学生在实践中学习和提升英语应用能力。最后，英语教学需要考虑学生的职业规划和发展需求。教师应关注学生的职业兴趣和目标，为他们提供个性化的学习建议和资源。

（二）学生中心的教学理念

1.学生中心教学的核心观念与原则

学生中心的教学理念主张将学生的需求、兴趣和学习风格置于教学的核心，强调教师应作为指导者而非传统意义上的知识传递者，旨在培养学生的自主学习能力和批判性思维能力。其核心观念包括以下几个方面：

（1）学生在学习过程中是主动的参与者，而不是被动的知识接收者。

（2）教学应关注学生的个体差异，包括他们的学习风格、兴趣和能力等。

（3）学习是一个互动和社会化的过程，需要鼓励学生进行合作和交流。

2.如何将学生中心理念融入英语教学内容改革中

首先需要教师理解和尊重学生的学习需求和兴趣。在设计教学内容时，应充分考虑学生的知识背景、学习目标和职业规划等因素。其次，教学方法和教学活动也需要有利于学生的主动参与和互动。例如，可以通过小组讨论、角色扮演等活动，提高学生的参与度，促进他们的互动学习。

3.学生中心教学对英语学习动机和学习成果的影响

研究表明，学生中心的教学方法可以提高学生的学习动机和学习成果。一方面，当学生感到他们在学习过程中的主导地位和自主性时，他们的学习动机会得到提升。另一方面，学生中心的教学方式注重实践和应用，这有助于学生更好地理解和记忆知识，从而提高学习成果。在英语教学中，这种教学方式可以帮助学生更好地掌握英语语言技能，同时也有利于他们的全面发展。

（三）终身学习的理念

1.终身学习的理念及重要性

终身学习是一种鼓励个人在其一生中持续学习和发展的理念。它强调的是学习不仅仅发生在正规的教育阶段，而且是一个生活的全过程，包括工作和日常生活中的学习。终身学习的重要性主要体现在以下几个方面：

（1）适应快速变化的社会环境：随着科技的飞速发展和社会的快速变迁，持续学习是适应这种变化的关键。

（2）提高个人竞争力：通过终身学习，个人可以不断提升自己的技能和知识，提高职业竞争力。

（3）促进个人全面发展：终身学习不仅关注专业技能的提升，也关注个人的全面发展，如社会能力、创新能力和批判性思维等。

2.如何培养学生终身学习的意识

培养学生终身学习的意识，教师可以采取以下几种策略：

（1）培养学生的自主学习能力：例如，引导学生制定学习计划，进行自我评估，使用各种资源进行自主学习等。

（2）注重实践和应用：通过将知识与实际生活和工作场景结合，让学生体验到学习的实用性和有趣性，从而激发他们的学习兴趣和动力。

（3）建立长期学习目标：帮助学生理解学习是一个持续的过程，鼓励他们为自己设定长期的学习目标。

3.终身学习理念对英语教学内容的长远影响

（1）内容的广度和深度：在内容设计上，应尽可能的多元和开放，旨在培养学生广泛的知识视野和深入的思考能力，而不仅仅是传授特定的英语知识和技能。

（2）教学方法的选择：强调学生的主动参与和自主学习，使用更多的互动教学方法，如项目学习、合作学习等，使学生在真实的语境中进行语言实践和探究，从而提高他们的语言运用能力和学习自主性。

二、教学内容改革的需求分析

（一）职业领域对英语能力的要求与变化

1.当前职业领域对英语能力的需求

当前职业领域对英语能力的需求是多元化和深入化的。除了基本的英语听说读写技能外，更多的行业开始关注专业英语能力，如商务英语、法律英语、医学英语等。此外，跨文化沟通能力，批判性思维能力，信息检索能力等也被广泛看重。

2.预测未来职业领域对英语能力的变化趋势

未来职业领域对英语能力的需求将更加多元和深化。随着全球化进程的加快，跨文化沟通能力的需求将进一步增强。同时，随着科技的发展，数字化技能、数据分析能力等将成为新的要求。在具体语言技能方面，如视听说技能、翻译技能、写作技能等都可能有更深的要求。

3.英语教学内容改革的紧迫性和必要性

基于以上分析，英语教学内容改革的紧迫性和必要性显而易见。一方面，教学内容必须与职业需求相适应，以提高学生的就业竞争力；另一方面，教学内容也需要不断创新和升级，以适应社会和技术的快速发展。因此，进行英语教学内容的改革，以满足职业领域和学生需求的变化，是十分必要的。

（二）学生对实用性英语知识的需求与期望

1.学生对英语学习的态度与动机

学生对英语学习的态度和动机通常受到其学习目标，学习环境和个人兴趣的影响。很多学生希望学习的英语能够直接应用到实际生活和未来职业中，因此他们更倾向于学习实用性强的英语知识和技能。

学生的学习目标会直接影响他们对英语学习的态度和动机。如果学生明确知道英语在他们未来的学习或职业生涯中的重要性，他们对英语学习的动机就会相对较高。反之，如果学生感觉到学习英语对他们并无直接利益，他们的学习动机就可能降低。

一个积极，开放和鼓励探索的学习环境可以增强学生对英语学习的积极态度和动机。如果教师能够提供多元化的学习资源，设计有趣而富有挑战性的教学活动，并给予学生足够的自主学习空间，学生的学习态度和动机会大大提高。

学生的个人兴趣也会影响他们对英语学习的态度和动机。如果学生对学习英语感兴趣，他们就会更愿意投入时间和精力去学习。反之，如果学生对学习英语感到厌烦或者困难，他们的学习动机就可能降低。

因此，为了激发和维持学生的学习动机，教师需要不断寻找新的教学方法和资源，满足学生的学习目标，创造积极的学习环境，同时关注并引导学生的个人兴趣。

2.学生对英语教学内容的期望与反馈

学生对英语教学内容的期望和反馈是教学改革的重要参考。

首先，学生希望所学的英语能够在现实生活和未来的职业中得到应用。因此，他们更倾向于具有实际应用价值的教学内容。例如，商务英语、行业专业英语词汇的教学，或者模拟真实工作场景的角色扮演活动等。

其次，学生不仅想学习英语知识，还希望提高英语的实际应用能力，如听说读写和跨文化交际能力。因此，他们希望课程中包含大量的实践活动和交流机会。

最后，学生希望有足够的机会实践他们所学的英语知识和技能。例如，他们可能期望有更多的机会在真实或模拟的环境中使用英语进行交流，或者进行项目工作以解决实际问题。

教师可以通过各种方式获取学生的反馈，包括问卷调查，课程评价，学生访谈等。收集到的反馈应该被认真分析和应用，以便优化教学内容，满足学生的学习需求和期望。在整个过程中，教师应该积极鼓励学生表达他们的意见和需求，以确保教学内容的适应性和有效性。

3. 如何调整教学内容满足学生需求，增强学习积极性

为满足学生对实用性英语知识的需求，教学内容可以做如下调整：一是加强专业英语和实用英语的教学，例如增加行业相关的英语词汇和表达教学；二是引入实际情境和案例，让学生在实际情境中运用英语，提高他们的语言使用能力；三是提供更多的实践机会，如小组讨论，角色扮演等，以增强学生的学习积极性和实践能力。

（三）教师对于职业导向的英语教学方法和资源的需求

1. 教师在职业导向教学中面临的挑战和需求

教师在实施职业导向的英语教学中，可能会面临如何将职业内容和语言教学有效结合、如何更新和拓宽教学内容以适应行业变化等挑战。此外，他们也可能需要更多的专业发展机会，以提升他们在职业英语教学方面的知识和技能。

2. 教师对于教学资源的需求与获取途径

教师需要获得丰富和实用的教学资源，以支持他们实施职业导向的英语教学。这可能包括行业相关的案例，实用的职业英语教材，以及与行业专家的交流机会等。教师可以通过多种方式获取这些资源，如参加教育培训，订阅专业期刊，参与教育社群等。

3. 支持教师专业发展的机制与策略

高校可以通过提供持续的职业发展培训，建立教师交流平台，以及鼓励教师参与教育研究等方式，支持教师的专业发展。同时，教师也可以积极寻求自我发展的机会，如参与在线课程，阅读专业文献，甚至接触行业实践，以提升自己的教学技能和知识水平。

三、教学内容改革的目标与原则

（一）改革目标

1. 提高学生的职业英语应用能力

改革的首要目标是提高学生的职业英语应用能力。这包括学习和掌握与特定职业领域相关的英语专业知识，如行业专有词汇、业务邮件书写规范、商务会议表达等。同时，也需要强调学生在实际工作环境中的语言应用能力，如口头报告、商务谈判、团队协作等。

2.培养学生的终身学习能力与自主发展能力

教学内容改革的另一重要目标是培养学生的终身学习能力和自主发展能力。这意味着教学不仅要让学生掌握当前的知识和技能，也要激发他们的学习兴趣，训练他们自我学习和解决问题的能力。这对于他们在未来的职业生涯中持续发展和适应变化具有重要意义。

3.适应职业领域对英语人才的多样化需求

教学内容改革还需要考虑到职业领域对英语人才的多样化需求。这意味着教学内容不仅要覆盖广泛的职业领域，还要根据学生的个人兴趣和职业目标进行灵活调整。同时，教学内容也需要反映行业的最新发展和趋势，以帮助学生准备未来的职业挑战。

（二）改革原则

1.以学生为中心，关注个体差异

学生中心的教学原则强调教学活动应以满足学生的学习需求为出发点，尊重学生的个体差异，并且鼓励他们积极参与学习。这意味着教师在设计和实施教学活动时，应充分了解和考虑学生的背景、兴趣、学习风格和职业目标，以提供更个性化和有效的学习体验。

2.强调实践与应用，注重解决问题能力

实践与应用的原则认为学习应与实际生活和工作紧密相连，以增强学生的动手能力和问题解决能力。在英语教学中，这可能涉及让学生参与模拟职业场景的角色扮演，研究真实的工作案例，或者解决与职业相关的问题。

3.教学内容与学科知识的整合

整合原则强调在教学中融入跨学科的知识和技能。在英语教学中，这可能意味着将商务、科技、文化等领域的知识融入英语课程中，或者将英语学习与其他学科的学习相结合，以提升学生的整体素质和竞争力。

4.全员参与，形成合力

全员参与的原则认为教学改革需要所有相关者的参与和支持，包括教师、学生、学校领导和行业代表等。

教师是教学改革的关键参与者，他们是直接影响学生学习效果的人。他们对学生的需求和能力有深入的了解，同时他们在教学实践中也积累了丰富的经验。因此，他们在教学内容改革中能提出很多宝贵的建议。同时，教师也是改革的执行者，他们需要接受新的教学理念和方法，进行持续的专业发展。

学生是教学活动的主体，他们的需求、兴趣和期望应该被充分考虑和尊重。

他们可以通过问卷调查、反馈机制等方式参与到教学内容的设计和评估中。此外，学生也可以在课堂活动和课外项目中发挥主动性，成为自己学习的主人。

学校领导对教学改革的支持和推动至关重要。他们需要确保有足够的资源支持改革，包括资金、设施、时间等。他们还需要制定适合的政策，建立良好的校园文化，以鼓励和奖励教师和学生的创新和努力。

行业代表了社会和市场的需求，他们可以提供关于职业技能和职业素养的最新信息。他们可以通过讲座、实习、项目合作等方式参与到教学活动中，为学生提供真实的职业环境和经验。他们的参与有助于保证教学内容的实用性和前瞻性。

这样可以确保改革方案的多元性和实用性，同时也可以利用所有人的资源和能力，形成推动改革的强大合力。

第二节　基于职业导向的教学内容改革策略

在当前的教育环境下，为了更好地满足社会和行业的需求，以及培养学生的职业素养，教学内容改革成了必然趋势。本节将详细阐述如何构建以职业素养培养为核心的教学目标和内容，以及如何构建英语教学与职业素养相结合的课程标准。

一、构建以职业素养培养为核心的教学目标

为英语学习制定明确的目标是英语教学开展的基础，不仅有益于课程的合理设置和教学任务的明确，还有助于学生清楚自己的英语学习方向和目标。[①]

职业素养通常指的是一个人在职业活动中应该具备的知识、技能和态度，包括但不限于专业知识、技能、职业道德、团队协作、创新思维、批判性思考等。职业能力则主要指一个人完成职业活动所需要的能力，包括基础能力、专业能力、社会能力等。

构建以职业素养培养为核心的教学目标，是为了使学生在掌握英语知识和技能的同时，培养一种适应职业生涯、并在职业生涯中持续发展的综合素养。具体

---

① 曾大立.就业导向视野下高校英语教学改革发展趋势研究[J].新丝路（下旬），2016（12）：152.

表现为以下几点：

第一，明确职业素养和职业能力。教学目标中应明确列出所要培养的职业素养和职业能力，这些素养和能力应与高校英语教学内容密切相关。例如，学生应该掌握的语言技能（如听、说、读、写）就是他们未来职业生涯中必不可少的职业能力。

第二，强调知识与素养的结合。在设定教学目标时，应强调知识与素养的结合，即学生在掌握英语知识的同时，也要培养对职业生涯的理解和准备。例如，通过英语阅读教学，学生不仅要学习和掌握阅读技巧，也要了解不同行业的专业知识，以提高他们的职业素养。

第三，强调职业道德。作为职业素养的重要组成部分，职业道德在教学目标中占有重要位置。在英语教学中，应加强对职业道德的教育，如尊重他人、公正公平、遵守规则等。

第四，培养创新和批判性思考。在英语教学中，应通过多元化的教学活动和学习任务，培养学生的创新思维和批判性思考能力，这是他们未来职业生涯中的重要职业素养。

二、构建以职业素养培养为核心的教学内容

（一）选择与职业相关的主题和内容

1.课程主题的确定

在构建以职业素养培养为核心的教学内容时，首先需要确定课程主题。课程主题应该紧密与职业领域相关，能够满足学生未来在职场中所需的英语应用能力。例如，商务英语课程可以以商务会话、商务谈判、商务写作等为主题；科技英语课程可以以科技论文阅读、科技报告演讲等为主题。

2.职业场景的设置

为了使学生能够在课堂中真实感受到职业环境，需要在教学内容中设置职业场景。通过模拟实际职场中的场景，如商务会议、客户洽谈、科技项目讨论等，让学生在虚拟的职业环境中练习和应用英语技能。这样的教学设计可以使学生更好地理解职业导向教学的意义，增强他们的学习动力和兴趣。

3.行业背景和文化的介绍

除了学习语言技能，了解职业所涉及的行业背景和文化也是十分重要的。教学内容中可以引入相关行业的背景知识、行业术语和文化特点，帮助学生更好地融入职业环境中。例如，在商务英语课程中，可以介绍不同国家商务礼仪和文化

习惯，帮助学生在国际商务交流中更加得体地表现。

通过以上的教学内容设置，学生可以在课堂中接触到与职业相关的主题和内容，感知真实的职业场景，了解相关行业的背景和文化。这样的教学设计将有助于培养学生与职业相关的英语能力，提升他们在职场中的竞争力和适应能力。同时，学生也会更加深刻地理解职业导向教学的价值和意义，对学习英语产生更高的投入和热情。

（二）融入职业技能的培养

1.专业语言能力的培养

在基于职业导向的高校英语教学中，专业语言能力的培养是核心之一。这不仅包括学生对行业特定词汇的掌握，还涉及专业表达方式和专业用语等。这一过程是通过细分职业领域的教学内容和场景设置，引导学生学习并熟练运用与其未来职业相关的英语专业知识。

例如，商务英语作为一个具体的教学领域，不仅需要学生理解和使用商务词汇，更需要他们掌握商务环境下的沟通技巧和行为规范。在此背景下，教师可以设计一系列的教学活动，如模拟商务谈判，模拟商务合同书写，或者模拟商务会议，让学生在实践中提升他们的专业语言能力。这些活动应涵盖各种实际场景，以确保学生可以全面理解和掌握这些专业语言能力。

在商务谈判模拟中，学生可以学习如何在英语环境下表达自己的观点，提出建议，甚至进行辩论。这不仅需要他们具备良好的语言表达能力，还需要理解商务谈判的基本原则和策略。通过这种活动，学生可以提升他们的商务沟通技巧，同时也能加深对商务谈判实际运作的理解。在商务合同书写模拟中，学生可以学习如何用英语书写一个完整的商务合同。这不仅需要他们理解合同中的专业术语，还需要他们能够用正确的语法和格式编写合同条款。这种活动旨在提升学生的写作技巧，同时也可以提高他们对商务法规的认识。在商务会议模拟中，学生可以学习如何在英语环境下进行有效的会议交流。他们需要学习如何表达自己的意见，如何进行建设性的讨论，以及如何有效地运用会议时间。这些活动不仅可以提升学生的口语交流能力，还可以提高他们的团队合作和时间管理技巧。

通过这些针对特定职业领域的教学活动，学生可以在实际环境中应用所学知识，从而提高他们的专业语言能力。这也有助于他们更好地理解并适应未来的职业环境，成为具有高度专业素养的英语使用者。

2.职业沟通技巧的学习

在基于职业导向的高校英语教学中，除了专业语言能力，职业沟通技巧的学习也十分重要。这包括但不限于有效的演讲、谈判、交际以及团队合作等方面的技巧。在不同的职业场景中，这些技巧的运用能够使沟通更加高效，有效地促进信息的交流和理解。

在教学过程中，为了培养学生的职业沟通能力，教师可以设计一系列实践性的活动和角色扮演。这种方法能够让学生置身于模拟的职业场景中，以此增强他们的实践经验和对专业场景的理解。

以科技英语课程为例，学生可能会面临各种各样的科技项目讨论和演示。这些活动提供了一个良好的平台，让学生在实际操作中锻炼团队合作和演讲技巧。在团队项目讨论中，学生需要学会如何有效地在团队中交流自己的想法，如何理解和接纳他人的观点，以及如何协调团队成员之间的分歧，达成共识。这不仅能提升他们的团队合作技巧，也能让他们在实际操作中深化对专业知识的理解。

此外，在科技项目演示中，学生需要学会如何有效地向听众介绍自己的项目，如何通过语言和非语言方式吸引听众的注意，以及如何处理听众的提问和反馈。这种活动能够提高学生的公众演讲技巧，也能增强他们在压力下进行有效沟通的能力。

在这种教学模式下，学生不仅能提升自身的语言能力，还能学习和掌握一系列职业沟通技巧，从而为未来的职业生涯做好充分准备。

3. 职业伦理和素养的内化

职业伦理和素养是职业导向英语教学中极为关键的一环。学生在未来的职业生涯中，不仅需要具备专业技能和职业沟通技巧，还需要具备良好的职业道德和素养。这包括尊重他人、公正公平、诚实守信、负责任等方面的品质。对于这一部分的教学，教师的角色并不仅仅是教授，更重要的是引导和启发。

在教学内容中，教师可以设计一些讨论环节，引导学生探讨各种职业伦理和道德问题。例如，如何在团队合作中公正地对待每个成员？在面临商业决策时，如何坚守诚信原则？在遇到复杂的职业问题时，如何平衡个人利益和社会责任？这些问题的讨论不仅能让学生了解职业道德的基本原则，还能让他们在思考和交流中逐渐形成自己的价值观。

同时，教师也可以引导学生进行一些角色扮演或者案例分析的活动。在这些活动中，学生需要站在某个职业角色的角度，去思考和解决实际的道德问题。这种活动能让学生更直观地理解职业道德在实际工作中的运用，也能让他们在实践中体验和学习如何处理职业道德问题。

通过这样的教学设计，学生不仅可以深刻理解职业伦理的重要性，还可以在反思和实践中逐渐树立正确的职业价值观，培养出强烈的自我约束力和社会责任感。这种职业伦理和素养的内化，对于学生未来的职业发展，将有着深远的影响。

（三）确保内容的实用性和针对性

在基于职业导向的高校英语教学中，确保内容的实用性和针对性尤其重要。

1. 针对特定行业需求的内容设计

在基于职业导向的高校英语教学中，教学内容的设计需要考虑特定行业的语言需求。特定行业的语言需求包括了该行业中常用的专业词汇，表达方式，以及实际工作中需要用到的语言技能。

例如，对于法律专业的学生来说，他们的英语学习目标可能包括理解和阅读法律文档，编写法律文件，以及进行法律谈判等。因此，教学内容可以设计为包括法律英语词汇的学习，法律文件的阅读和写作训练，以及模拟法律谈判的角色扮演等。这些活动不仅可以帮助学生学习和掌握法律英语，也可以让他们在实践中提升语言应用能力。

针对特定行业需求的教学内容设计，不仅可以提高学生的学习兴趣和动机，也可以使他们的学习更具针对性和实用性，从而更好地为他们的未来职业生涯做准备。

2. 按照学生需求调整教学内容

学生的需求是教学内容设计中的另一个重要考量因素。学生的需求可能由他们的英语水平，学习目标，以及兴趣等因素决定。为了满足这些需求，教学内容需要进行相应的调整。

首先，教学内容需要考虑学生的英语水平。对于英语水平较高的学生，教学内容可以更偏向于专业词汇和表达的学习，以及实际工作场景的模拟和练习。这可以帮助他们进一步提升英语技能，以及增强他们的职业素养。对于英语水平较低的学生，教学内容可以更多地涵盖基本的语法和词汇的学习，以及基础的语言技能的练习，以帮助他们建立稳定的语言基础。

其次，教学内容需要考虑学生的学习目标。如果学生的目标是寻找国际工作机会，那么教学内容可以包括跨文化沟通技巧的学习，以及国际工作环境的模拟等。这可以帮助学生了解和适应不同文化的工作环境，以及提高他们的跨文化沟通能力。

最后，教学内容需要考虑学生的兴趣。兴趣是学习动力的重要来源，因此教学内容需要吸引学生的兴趣。教师可以通过问卷调查，面谈等方式了解学生的兴趣，然后将这些信息反馈到教学内容的设计中，使教学更具吸引力。

3.将实际工作案例融入教学内容

实际工作案例是将理论知识与实践相结合的有效方式。通过融入实际工作案例，教学内容将更具针对性和实用性，同时也能增强学生的学习动机和实践能力。例如，在商务英语教学中，可以使用真实的商务电子邮件，合同或会议记录作为教学材料。学生可以通过阅读和分析这些材料，了解并学习商务环境中的专业英语表达，以及商务沟通的策略和规则。这种学习方式能使学生在学习专业知识的同时，也了解其在实际工作环境中的应用。

同样，教师也可以设计一些基于实际工作案例的教学活动，如模拟商务谈判，项目讨论等。在这些活动中，学生可以将所学的英语知识和技能应用到实际的工作场景中，从而提高他们的语言实践能力。此外，实际工作案例也能提供一种真实的工作情境，帮助学生了解和适应职场环境，提前预演职业角色，为他们的未来职业生涯做好准备。

第三节 基于职业导向的高校英语教材建设

在全球化的今天，英语的重要性无需赘述。然而，传统的英语教材往往忽视了职业技能的培养，不能满足现代职场对英语能力的具体需求。因此，我们需要重新思考和设计英语教材，使之更加符合职业导向，以更好地服务于学生的未来职业发展。

一、高校英语教材现状

（一）内容单一

传统的高校英语教材主要侧重于基本的语言技能训练，例如听、说、读、写。虽然这些基本技能对学生的语言学习至关重要，但这种教材的内容往往过于单一，很少涉及专业领域的知识和技能。例如，商务英语、法律英语、科技英语等具有专业特色的内容往往被忽视。这使得学生在完成学业后，虽然具有一定的英语基础，但在实际的职业场景中，却常常感到力不从心。

（二）与实训脱节

传统的高校英语教材通常缺乏对实际职业技能的训练，与实训环节严重脱节。教材内容往往更偏重于理论学习，而对于职场实际应用的训练则相对缺乏。例如，商务谈判、报告撰写、演讲表达等在职业场景中极为重要的技能，在传统教材中往往未得到充分体现。

（三）定位不清，缺乏职业特色

许多高校英语教材的定位并不清晰，即不是专门为某一特定领域的学生设计，也没有针对全体学生的普适性。这种"一刀切"的教材设计使得教材缺乏职业特色，难以满足不同领域的学生对于专业英语知识和技能的需求。

（四）编写者多为专家、教师缺乏职业经验

现有的高校英语教材，其编写者多为语言教学专家和教师，他们在语言教学理论和方法方面有深厚的功底，但却往往缺乏实际的职业经验。这导致他们在编写教材时，可能无法充分考虑到职场的实际需求，无法将实际的职业技能融入教材中。

（五）学生使用效果

由于上述问题的存在，学生使用传统的高校英语教材时，往往会感到难以把握其实际应用价值，难以将学到的知识和技能转化为实际的职业技能。这使得许多学生对英语学习感到迷茫和困惑，对英语教材的满意度和使用效果大打折扣。

二、基于职业导向的高校英语教材构建的理念和原则

（一）基于职业导向的理念

基于职业导向的理念是高校英语教材建设的核心原则之一。该理念的主旨在于将学术性的语言学习与实际的职业需求相结合，为学生的未来职业生涯搭建桥梁。这种理念的实施，需要在教材设计中秉持以下几个重要原则：

1.实际应用与理论学习并重

基于职业导向的教材不仅提供理论知识，如语法、词汇和句型等，也强调语言的实际应用。教材中的例句和语境应与学生的未来职业相关，以增强他们的职业意识和实际应用能力。

2.提供职业相关的语言学习材料

教材中应包含与学生未来职业相关的真实材料，如商务信函、科技报告、法律文件等。通过研读这些材料，学生可以了解各个职业领域的语言特点和表达方式。

3.强调职业相关技能的培养

除了基本的语言技能，教材中应包含专业技能的训练，如报告写作、商务交流、技术文档阅读等。这些技能是学生未来在职场中的必备技能，需要在学习过程中得到充分的培养。

4.反映真实的职场环境

教材应能反映真实的职场环境，让学生对未来工作有所了解和预期。这可以通过包含职业场景的角色扮演、情景对话等活动来实现。

5.教材的更新和适应性

由于职场环境和需求的快速变化，基于职业导向的教材需要定期更新，以反映最新的行业动态和语言使用趋势。同时，教材应具有一定的适应性，能根据学生的具体需求进行调整。

（二）教材的普适性和具体性

教材的普适性和具体性原则是一种在满足所有学生的基本需求的同时，注重满足特定领域学生需求的理念。这是因为，虽然所有学生都需要掌握英语的基本技能，如词汇、语法、听说读写等，但不同领域的学生还需要掌握各自领域特有的专业知识和技能。

普适性：教材需要为所有学生提供一套基础的、共享的英语知识和技能。这包括基本的词汇、语法、句型、阅读理解技巧、写作技巧、口语交际技巧等。这样，无论学生未来从事何种职业，他们都能具备必要的英语基础。

具体性：针对不同领域的学生，教材需要提供具体的、专门化的内容和任务。例如，商务英语学生可能需要更多的商业信函写作和商务交流技巧；法律英语学生可能需要更多的法律术语和法律文书阅读；科技英语学生可能需要更多的科技论文阅读和写作技巧。这种具体性的设计，能够帮助学生针对性地提升他们未来职业所需的专业技能。

因此，教材的普适性和具体性原则要求教材设计者在满足所有学生的基本需求的同时，还要尽可能满足不同领域学生的特殊需求。这种原则旨在保证教材的广泛适用性，同时确保教材能够满足特定领域学生的专业发展需求。[①]

（三）学生中心的原则

学生中心的原则是现代教育理念中的核心部分，它主张教育应该关注每位学生的个体差异，尊重并满足他们的需求和兴趣。在教材设计中，学生中心的原则

---

① 程晓堂，孙晓慧.英语教材分析与设计[M].修订版.北京：外语教学与研究出版社，2011：126-128.

主要体现在以下几个方面：

1. 以学生的需求为导向

教材的内容、结构和任务应以学生的需求为出发点。这包括了学生的语言学习需求、未来职业需求，以及他们的个人兴趣和目标。这种需求导向的教材设计可以帮助学生更有效地学习和使用英语。

2. 鼓励学生的主动参与

教材应该提供一系列的任务和活动，鼓励学生主动参与学习过程。这种学习方式可以激发学生的学习兴趣和动力，也有助于培养他们的自主学习和问题解决能力。

3. 关注学生的发展潜力

教材设计应以培养学生的潜力和全面能力为目标，提供一系列的挑战性任务，帮助学生不断提升他们的语言能力、批判性思考能力、创新能力等。

4. 提供个性化的学习路径

教材应提供不同难度和类型的学习资源，以满足不同层次和兴趣的学生。这样可以使所有学生都能根据自己的情况选择最适合自己的学习路径。

5. 反馈和评价

学生中心的教材应该包含有效的反馈和评价系统，以帮助学生了解自己的学习情况，明确自己的学习目标，调整自己的学习策略。

总的来说，学生中心的原则将学生置于教材设计的核心，以学生的需求、兴趣和发展潜力为出发点，打造一套既有挑战性，又能引发学生兴趣，且能有效提升学生能力的高校英语教材。

（四）实践性的重视

实践性的重视原则强调的是将理论知识与实际应用结合起来，让学生在实际操作中深入理解和掌握所学知识和技能。这种原则主要通过以下几种方式在教材中体现：

1. 模拟职业场景的活动

教材中可以包含模拟实际工作环境的活动，如角色扮演、模拟商务会议、案例分析等。这些活动可以帮助学生更好地理解职业场景中的语言使用，提升他们在实际工作环境中的交际技巧。

2. 与工作相关的任务

教材中可以设置一些与实际工作相关的任务，如编写商务信函、制作报告、设计项目计划等。完成这些任务需要学生运用所学的语言知识和技能，这不仅可以帮助他们检验和巩固所学知识，也可以提升他们解决实际问题的能力。

3.项目合作

教材中可以设计一些需要学生合作完成的项目，如团队研究、课题讨论等。这样的项目活动不仅可以提高学生的团队合作能力和项目管理能力，也可以提升他们的问题解决能力和创新能力。

4.实践反馈和评价

教材中应该包含对学生实践活动的反馈和评价机制，帮助学生了解自己的优点和不足，进而调整学习策略，提高学习效果。

通过实践性的重视原则，教材能够更好地连接理论学习和实际应用，帮助学生更好地理解和掌握知识，提高他们的实践能力，为他们的未来职业生涯做好准备。

三、基于职业导向的高校英语教材的结构和内容

（一）教材的模块划分

1.引言部分

此部分应当概述章节或单元的核心主题，激发学生对主题的兴趣，为后续学习建立背景知识。此部分可以包括对关键词汇和概念的预习，或者引用实际生活或职业中的情景，让学生对未来的学习有直观的感受。

2.语言知识与技能部分

此部分是教材的核心，其中包括与主题相关的词汇、语法、听力、说话、读写技能的教学。此部分应设计各种活动和练习，以帮助学生理解、记忆并熟练运用这些语言知识和技能。

3.职业知识和技能部分

此部分应结合具体的职业背景，介绍与主题相关的职业知识和技能。例如，在一个与"商务会议"相关的单元中，可以介绍如何进行有效的商务演讲，如何理解和使用商务术语，如何处理商务谈判等。

4.实践任务部分

此部分应设计与实际职业场景相关的实践任务，让学生在实际情景中使用所学的语言知识和职业技能。这些任务可能是基于真实情境的角色扮演，或者是要求学生解决某个实际问题的项目任务。

5.小结和反思部分

此部分应帮助学生回顾和总结本章或本单元的主要内容，明确自己掌握的知

识和技能，以及尚待改进的地方。此部分可以提供一些思考问题，鼓励学生反思自己的学习过程和学习策略，明确下一步的学习目标。

6.课后练习部分

这一部分应该包括一系列与章节或单元内容紧密相关的练习题。它们可以是不同类型的题目，包括但不限于选择题、填空题、简答题、案例分析、翻译练习等，旨在帮助学生从不同角度和层次对所学内容进行复习和实践。此外，这一部分还可以提供一些额外的学习资源和延伸阅读，以满足学生深化学习和自我提升的需求。

（二）主题和内容的选择

1.与职业相关的主题

选择与学生未来可能从事的职业紧密相关的主题对提高学生的学习动机和教材的实用性至关重要。例如，对商务专业的学生来说，主题可以包括商务会议、营销策略、客户关系管理等；对科技专业的学生来说，主题可以包括科技发展的趋势、科技研究的方法、技术报告的写作等；对法学专业的学生来说，主题可以包括法律案例分析、法庭辩论、法律文书的写作等。

2.结合实际的内容

教材的内容应当结合实际的职业生涯和生活经验，使学生能够在学习过程中感受到语言学习的实际意义和价值。具体来说，教材可以包括以下几种内容：

真实的职业情景：比如，商务会议、科技研究报告、法庭辩论等，让学生有机会模拟真实的职业情景，提高他们的专业语言技能。

专业术语和表达：每个专业领域都有其特有的术语和表达方式，学生需要掌握这些专业术语和表达，才能在未来的职业生涯中有效地沟通。

职业技能和素养：除了语言技能，学生还需要掌握一些重要的职业技能和素养，比如团队合作、批判性思考、解决问题的能力等。教材可以设计一些活动和任务，帮助学生培养这些技能和素养。

实际的案例和故事：通过介绍真实的案例和故事，教材可以帮助学生更好地理解专业知识和技能在实际工作中的应用，激发他们对学习的兴趣和动力。

总的来说，教材的主题和内容的选择应该以学生的需求和兴趣为导向，与他们的未来职业紧密相关，体现出实用性和实际性。

（三）语言技能和职业技能的融合

1.在语言学习中融入职业技能

在教授语言知识和技能的同时，我们应当重视与之相关的职业技能的训练。

例如，在教授商务专业的学生写作技巧时，可以引入商务报告、商业计划书、电子邮件等商务写作形式，让学生在学习英语的同时，也能掌握商务写作的规范和技巧。对于科技专业的学生，可以引入科技报告的制作、科技论文的写作等，帮助他们掌握在科技领域进行专业沟通的语言和格式。

2.在职业学习中融入语言技能

在教授职业知识和技能的同时，我们也应当重视语言技能的培养。例如，当学生在学习如何进行商务谈判或法律分析时，我们可以教授他们如何使用英语有效地进行沟通、表达和理解。这不仅包括语言的表达和理解，还包括语言的文化和情境意识，如使用恰当的语言礼貌、理解和应对文化差异等。

3.通过实践活动结合语言技能和职业技能

教材可以设计一些实践活动，让学生在完成任务的过程中既能使用英语，又能运用职业技能。例如，学生可以模拟商务会议的情景，使用英语进行议题讨论、意见表达、决策制定等；也可以完成一项科技项目，使用英语进行项目计划、团队协作、项目报告等。这些实践活动能帮助学生在真实或仿真的情境中，实现语言技能和职业技能的有机融合，提高他们的综合素质和职业能力。

四、教材的实施方法与策略

（一）为教材编写专门的教师指南

教师指南是为使用教材的教师准备的一个详细指南，提供有关如何最有效地使用教材的具体建议和策略。指南通常包括以下部分：

1.教学目标和学习成果

为每个章节和模块明确列出教学目标和预期的学习成果，帮助教师了解每个部分的主要目的和学生应掌握的技能。

2.教学步骤和活动

为每个教学活动提供具体的教学步骤和建议，包括讲解、讨论、小组工作等各种教学方法，以及如何评估和反馈学生的学习成果。

3.教学难点和解决策略

提供预测可能的教学难点和问题，并提供相应的解决策略和建议，帮助教师应对不同的教学情况。

4.教学资源和拓展活动

为每个章节和模块提供额外的教学资源和拓展活动，如课外阅读、项目设计、网上资源等，帮助教师丰富教学内容，提高教学效果。①

（二）为教材配备教学资源和辅助材料

多媒体教学资源：配备与教材内容相关的音频、视频、动画等多媒体教学资源，使得教学更加生动和直观，提高学生的学习兴趣。

在线学习平台：建立在线学习平台，提供互动式学习资源，如在线测试、论坛讨论、云端协作等，实现教师和学生、学生和学生之间的在线互动，提高教学效果。

实践教学资源：提供与教材内容相关的实践教学资源，如模拟商务谈判、技术展示、法律案例分析等，使学生有机会将理论知识应用到实际中，提高职业技能。

（三）教学方法和技巧的建议

任务型教学：在教学过程中设置具有实际意义的任务，让学生在完成任务的过程中学习和使用语言，实现"学中做，做中学"。

合作学习：利用小组活动、项目合作等形式，鼓励学生进行合作学习，提高团队合作能力和问题解决能力。

情境教学：为学生创设真实或模拟的职业情境，让他们在真实的语境中学习和使用语言，提高他们的语言运用能力和职业技能。

个性化教学：关注学生的个体差异，提供个性化的学习路径和学习支持，帮助每个学生发挥其潜力，提高学习效率。

混合式学习：结合线上和线下的教学方式，让学生可以在课堂上进行面对面交流，在课后通过线上平台进行自主学习和交流。

翻转课堂：教师可以让学生在课前预习，然后在课堂上进行讨论和实践，从而更有效地利用课堂时间。

形式评估和反馈：定期对学生的学习进行形式评估，提供及时的反馈，帮助他们了解自己的进步和不足，调整学习策略。

鼓励自主学习：教师应鼓励学生进行自主学习，提供一些学习资源和指导，帮助他们发现和解决问题，发展自学能力。

五、校本教材的制作流程

虽然市面上已经出现了许多不同版本的高校英语教材，它们各有特色，但对

---

① 何少庆.英语教学策略理论与实践应用 [M].杭州：浙江大学出版社，2010：27-31.

于高校来说，尤其是那些具有特定专业方向或特殊需求的高校，制作校本教材可以更好地满足学生和教师的需求。①校本教材可以围绕学校的特色和专业，定制设计内容和教学方法，确保教材的实用性和针对性。以下是校本教材的制作流程：

需求分析：收集和分析学生、教师和行业的需求，明确教材的目标和定位。

内容设计：基于需求分析，设计教材的内容和结构，包括主题选择、模块划分、知识点安排等。

教材编写：由具有相关专业知识和教学经验的教师团队负责编写教材，确保教材的专业性和实用性。

教材审校：由专家团队对教材进行审校，确保教材的质量和准确性。

教材试用：在部分课程或班级中试用教材，收集反馈，根据反馈进行教材的修改和优化。

教材发布和使用：完成试用和修改后，正式发布和使用教材，同时，收集使用过程中的反馈，进行持续的更新和优化。

通过这个流程，高校可以制作出既符合学生需求，又符合教学目标的校本教材。同时，也可以通过教材的制作，提高教师的教学能力和专业素养，促进学校教育教学的改革和发展。

---

① 杨廷君.大学英语课程建设理论与实践[M].北京：国防工业出版社，2013：112-116.

第五章　基于职业导向的高校英语教学方法改革策略

第一节　教学方法的现状与改革的必要性

随着国际化进程的加速和经济全球化的发展，英语作为国际通用语言，在全球化的背景下，对高质量的英语人才的需求越来越大。这种情况对高校英语教学提出了新的要求和挑战。在目前的高校英语教学中，传统的"满堂灌""一言堂"教学方法仍然占据主导地位，这在一定程度上限制了学生的英语综合能力的提升。因此，对高校英语教学方法进行改革，以满足社会经济发展和全球化背景下的新需求，具有重要的理论和实践意义。

一、教学方法的定义与框架

教学方法是教学活动中教师引导学生学习所采取的策略、手段和步骤。它是教师运用教学原则，根据学生的学习规律和教学目标，组织和进行教学活动的特定方式。[①]教学方法包括教师的教学方式、策略和技巧，以及学生的学习活动的组织形式。教学方法的框架可以概括为以下几个方面：

教学目标的明确：教学方法的设计首先要从教学目标出发，明确教师期望学生在学习过程中达到的目标。教学目标应该具体、明确，并与学生的实际需求和发展水平相符合。

教学内容的选择与组织：教学方法的实施需要根据教学内容的复杂程度、难易程度以及学科特点进行选择和组织。不同的教学内容可能需要采用不同的教学方法和教学策略。

教学策略的运用：教学策略是教师在教学中所采取的具体方法和步骤。它包

---

① 鲁子问，康淑敏．英语教学方法与策略 [M]．上海：华东师范大学出版社，2008：2-25．

括课堂讲授、讨论、案例分析、实验操作、小组合作学习等多种形式。教师可以根据学生的学习特点和教学目标，选择适合的教学策略来促进学生的学习。

学生学习活动的引导：教学方法不仅涉及教师的教学策略，还包括对学生学习活动的引导。教师应该鼓励学生积极参与课堂讨论和互动，培养学生的主动学习能力和合作意识。

评价与反馈：教学方法的有效性需要通过评价来进行检验和调整。教师可以通过作业、考试、项目评估等方式对学生的学习情况进行评价，及时反馈学生的学习成果和不足之处，为进一步优化教学方法提供依据。

不断改进与创新：教学方法需要不断改进和创新，适应不断变化的教育环境和学生需求。教师应该保持学习和探索的态度，不断更新教学方法，提高教学效果。

综合来说，教学方法是教学过程中教师灵活运用的策略和手段，它应该围绕教学目标和学生的需求展开，并随着教育环境和教学理念的变化而不断优化和创新。教师的教学方法将直接影响学生的学习效果和学习体验，因此在教学中重视教学方法的选择和运用是非常重要的。

二、高校英语教学方法流派概述

目前主流的英语教学方法可以分为传统教学方法和现代教学方法两大流派。下面就对这两个流派的几种代表性教学法进行简要介绍。

（一）传统教学方法

1.语法—翻译法

语法—翻译法是一种传统的英语教学方法，起源于19世纪，广泛用于对外语教学中。在这种教学方法中，教师将重点放在对语法规则的讲解和学习上，学生需要大量背诵语法规则、词汇和句型。学生通过翻译来理解和应用语言知识，通常是从母语到目标语言的翻译，以此来锻炼学生的语言运用能力。

这种教学方法在过去被广泛使用是因为它有一些优点。首先，语法—翻译法注重对语法知识的传授，学生可以对语言结构和用法有较为深入的理解。其次，通过翻译练习，学生可以接触到丰富的语言素材，扩充词汇量，提高对语言的理解和运用能力。此外，对比母语和目标语言的语法和词汇差异，也有助于学生更好地掌握目标语言。

然而，随着教学理念的变化和教育科学的发展，语法—翻译法也面临一些批评和挑战。这种方法偏重理论知识的灌输，忽视了语言的实际运用和交际能力的培养。学生可能过度依赖于母语进行翻译，导致目标语言的运用能力较弱。同时，纯粹的翻译练习难以真实地反映语言在实际情境中的使用。

2.听说读写法

听说读写法（听说读写教学法）是一种综合性的英语教学方法，旨在全面培养学生的四项语言技能：听、说、读、写。这种方法强调学生在真实的语言环境中积极参与，通过多种教学活动来提高他们的语言能力。

（1）听力训练：听力训练是听说读写法的重要组成部分。通过听力练习，学生可以熟悉英语的语音、语调、语速等特点，提高对英语听力材料的理解能力。教师可以播放录音或视频，让学生听懂对话、讲座、新闻等不同形式的材料，并进行相关的听后练习。

（2）口语练习：口语练习是培养学生口头表达能力的关键。学生需要通过与同学或教师进行对话、角色扮演等方式，增强英语口语的流利程度和交际能力。这样的练习也有助于学生克服语言的不安和紧张感，更自信地运用英语进行交流。

（3）阅读材料：阅读训练是提高学生阅读理解能力的重要手段。学生需要阅读各种类型的英语文章、新闻、故事等，增加词汇量，理解句子结构和文章内容，提高阅读速度和准确性。

（4）写作练习：写作练习是培养学生书面表达能力的重要途径。学生需要通过写作文章、作文等活动，运用所学语言知识，表达自己的观点和想法。写作练习也可以帮助学生巩固语法知识和提高语言表达的清晰度。

听说读写法注重在语言的不同层面进行训练，帮助学生全面提高语言技能。同时，这种方法也注重学生的积极参与和主动学习，鼓励学生在真实情境中应用所学知识，从而更好地掌握和运用英语语言。

3.直接法

直接法（也称自然法）是一种以目标语言为主要教学语言的教学方法，它强调在语言教学和学习过程中避免使用学生的母语，而是直接使用目标语言进行交流和教学。这种方法的核心理念是通过真实的语言环境来学习语言，强调语言的交际功能和实际应用。

直接法的主要特点包括：

（1）全程目标语言使用：在直接法中，教师会全程使用目标语言进行教学，学生也被鼓励在课堂上用目标语言进行交流。这种做法让学生在真实的语言环境中感受目标语言的语音、语调和语境，帮助学生更快速地适应和掌握语言。

（2）强调交际功能：直接法注重培养学生的交际能力，学生被鼓励在课堂上进行实际的口语交流，讨论和辩论。这种实践性的交际练习有助于学生更自信地应对实际交流情境。

（3）学习实际用语：直接法倾向于教授学生在实际生活中常用的用语和表达方式，而非过于注重学术性或繁复的语言结构。这样学生可以更快地在实际情境中使用所学语言。

直接法在教学中强调学习语言的过程应该是自然的、实际的和有意义的。教师在使用直接法时需要创造真实的语言环境，激发学生的学习兴趣，让学生在积极参与的过程中逐步掌握目标语言的运用。

然而，直接法也有其局限性，特别是在初学者阶段，学生可能会面临理解困难。因此，现代教学中教师通常会根据学生的水平和学习目标，适度结合其他教学方法，创造多样化和有针对性的教学环境，更好地促进学生的英语学习。

（二）现代教学法

1.交际法

交际法是一种强调语言交际能力的教学方法，它的核心理念是将学生的交际能力放在语言学习的中心地位。与传统的语法—翻译法或直接法不同，交际法主张通过真实的交际情境和实际语言运用来提高学生的语言能力。

交际法的主要特点包括：

（1）交际目标：交际法的教学目标是培养学生在真实交际情境中流利、自然地运用语言的能力，使学生能够用目标语言进行实际交流。重点不仅是学习语法规则和词汇，更关注语言在实际交际中的应用。

（2）意义和情境：交际法强调学习的内容应该具有意义，教学材料和活动应该与学生的实际生活经验和兴趣相关。通过模拟真实情境、角色扮演和任务型活动，学生能够在有意义的情境中运用语言，提高交际效果。

（3）学生参与：学生在交际法中是积极参与者和合作者，教师扮演着指导者和促进者的角色。学生被鼓励在课堂上进行实际的交流，与同学合作，共同解决问题和完成任务。

（4）错误接纳：交际法认为学习语言是一个渐进的过程，学生在学习过程中会产生错误是正常的。教师应该接纳学生的错误，并通过积极的反馈和纠正帮助学生改进语言表达。

交际法强调在真实情境中学习语言，并强调语言是用来交际的工具。学生通过实际交流活动来提高听、说、读、写的能力，使学生能够更自如地在实际生活中运用英语。

这种教学方法在现代英语教学中得到广泛应用，因为它注重学生的学习动机和兴趣，激发学生学习英语的积极性。交际法使语言学习更富有乐趣和实用性，培养学生全面发展的语言技能，更好地适应国际交流和职业发展的需求。

2.任务型教学法

任务型教学法是一种以任务为核心的教学方法，它强调通过完成实际任务来促进学生的语言学习和交际能力。在任务型教学中，学生需要通过合作完成具有现实意义的任务，从而锻炼和提高他们的语言技能。

任务型教学法的主要特点包括：

（1）任务为中心：任务型教学将任务设定为学习的中心，任务可以是实际生活中的情境，例如购物、旅行、访问等，也可以是学术领域中的任务，例如进行调查、研究等。学生通过完成任务来实现语言的学习和应用。

（2）合作学习：任务型教学鼓励学生在小组或团队中合作完成任务。学生需要共同探讨问题、收集信息、交流观点，并通过合作解决问题和完成任务。这种合作学习的方式有助于学生互相学习和激发学习动力。

（3）真实情境：任务型教学强调将学生置于真实的语言情境中。学生需要在类似于实际生活中的情境下应用所学语言，这有助于提高学生的学习兴趣和学习效果。

（4）意义导向：任务型教学追求学习的意义和目标，学生完成任务时可以获得实际的成就感。任务具有现实意义，学生在完成任务的过程中学习语言技能。

任务型教学法将学习与实际应用紧密结合，帮助学生在真实情境中掌握语言。通过合作完成任务，学生不仅学习语言技能，还培养了解决问题和合作的能力。

该方法在现代英语教学中得到广泛应用，因为它强调学生的主动参与和自主学习，激发学生学习兴趣，提高学习效果。任务型教学法培养学生的综合语言能力，使学生在实际情境中自信流利地运用英语。

3.情景教学法

情景教学法是一种强调学生在特定情境下学习语言的教学方法。在情景教学中，教师会创造各种真实或虚构的情境，使学生在这些情境中用语言进行交流和学习。这种教学方法旨在让学生更好地理解和运用语言，同时增加学习的趣味性。

情景教学法的主要特点包括：

（1）真实情境模拟：教师会根据学习目标和教学内容，创造与实际生活相关的情境。例如，教师可以模拟购物场景、餐厅对话、旅行交流等，让学生在这些情境中运用所学语言，更好地掌握语言表达。

（2）语言功能为导向：情景教学注重教授语言的实际功能，学生不仅学习语言的词汇和语法，还学会如何在不同情境下进行有效的交际。例如，学生可以学习如何订酒店、询问路线、介绍自己等。

（3）角色扮演：情景教学鼓励学生通过角色扮演来模拟真实情境。学生可以在模拟的情境中扮演不同的角色，进行对话和交流，从而增加实际语言运用的机会。

（4）情感和认知因素：情景教学法强调学习过程中情感和认知因素的影响。学生在情境中更容易产生共鸣和兴趣，积极参与学习，从而提高学习效果。

情景教学法适用于各个语言水平的学生，特别适合初学者。它提供了一个有趣和互动的学习环境，让学生在实际情境中学习语言，增加了学习的动机和积极性。情景教学法注重语言的实际运用，帮助学生更好地适应语言环境，并提高语言交际能力。

然而，情景教学法也有其局限性，特别是对于高级学习者，可能需要更多的复杂语言和抽象概念，情景教学可能不够充分。因此，在实际教学中，教师通常会综合运用多种教学方法，根据学生的水平和学习目标选择最合适的教学策略。

4.合作学习法

合作学习法是一种教学方法，强调学生在小组或团队中合作学习和共同完成任务。这种教学方法的目标是通过互相合作、交流和共享知识，促进学生的学习效果和学习动机。

合作学习法的主要特点包括：

（1）小组合作：在合作学习中，学生通常被组织成小组或团队。每个小组的成员共同学习和讨论教学内容，共同解决问题和完成任务。

（2）相互依赖性：合作学习鼓励学生之间的相互依赖性，每个成员的学习成果与小组其他成员的学习成果紧密相关。这种相互依赖性促进了学生之间的交流和合作。

（3）共享知识：合作学习强调学生之间的知识共享。学生可以通过交流观点、解释概念和分享知识，帮助彼此理解和掌握教学内容。

（4）角色分工：在小组中，学生通常会被分配不同的角色或任务。每个成员负责完成特定的任务，然后将结果与小组分享。这种角色分工有助于提高学生的参与度和责任感。

（5）积极互动：合作学习鼓励学生之间积极的互动和交流。学生可以在小组中提问、回答问题、讨论问题，从而加深对教学内容的理解。

合作学习法有助于提高学生的学习效果和学习动机。通过合作学习，学生可以在互相帮助和支持的氛围中学习，增强学习的信心和兴趣。同时，合作学习也培养了学生的合作意识、团队意识和交流能力，这些能力在日后的学习和职业生涯中都非常重要。

在教学中，教师可以设计不同形式的合作学习活动，例如小组讨论、角色扮演、合作项目等，以满足不同学习目标和教学内容的需要。通过合作学习，教师可以激发学生的学习热情，促进学生全面发展的学习。

5.翻转课堂

翻转课堂是一种创新的教学模式，它将传统的课堂教学中的学习内容和学习活动颠倒过来。在翻转课堂中，学生在课堂上主要进行实践性的学习活动，而通过提前学习预习教学内容，课堂时间可以更多地用于深入讨论、解决问题和合作学习。

翻转课堂的主要特点包括：

（1）预习阶段：学生在课堂之前通过自主学习，预习教师提供的学习材料，例如观看预录的视频、阅读课程文本或参与在线学习平台。这样的预习阶段让学生在课堂上有了一定的基础，更好地准备参与课堂活动。

（2）课堂实践：课堂时间用于进行实践性学习活动，例如讨论、问题解决、合作项目等。教师可以引导学生进行深入思考，提高学生的理解和运用能力。学生之间的互动和合作成为课堂的重要组成部分。

（3）个性化学习：翻转课堂允许学生按照自己的学习节奏和方式学习。学生可以根据自己的学习需求和兴趣，选择适合自己的学习资源和学习方式。

（4）反馈与巩固：在课堂时间里，教师可以及时给予学生反馈，纠正错误，巩固学习成果。学生可以在课堂上及时解决问题，更好地理解和掌握知识。

翻转课堂的优势在于激发学生的主动学习和参与，提高学生的学习效果和学习动机。学生在预习阶段可以按照自己的节奏学习，更好地理解教学内容。在课堂时间里，学生可以通过与教师和同学的互动，加深对知识的理解，并通过实际操作来强化学习成果。

然而，翻转课堂也面临一些挑战，例如学生可能需要较高的自主学习能力，以及对学习时间和学习计划的自我管理能力。教师在设计翻转课堂时需要充分考虑学生的学习特点和需求，提供足够的学习资源和支持，以确保翻转课堂的有效实施。

三、高校英语教学方法改革的必要性

（一）社会经济发展对英语应用技能的需求变化

随着全球化进程的加速和国际交流的日益频繁，英语已经成为国际最为广泛使用的交流工具之一。在社会经济发展的背景下，对英语应用技能的需求也在不断变化。传统的英语教学方法注重语法和词汇的传授，但现代社会更需要具备实际应用能力的英语人才。职场需要的英语技能不仅包括流利的口语和写作能力，还需要具备与外国合作伙伴交流、进行国际业务谈判、解读专业资料等高级应用技能。

（二）当前教学方法在满足新的职业需求方面的局限性

传统的语法 - 翻译法和直接法等教学方法过于注重语法规则和词汇记忆，忽略了实际应用能力的培养。而在高校英语教学中，普遍存在重视考试成绩、应试教育的现象，导致学生在应对实际工作场景时缺乏自信和能力。此外，由于学生学习背景和学习习惯的多样性，传统教学方法难以满足不同学生的学习需求。

（三）教学改革对提高英语教学质量的重要性

高校英语教学方法的改革对提高教学质量和培养适应社会需求的英语人才至关重要。新的教学方法，如交际法、任务型教学法等，能够更好地培养学生的实际应用能力和交际技巧，使学生在毕业后能够顺利适应职场环境。通过合作学习和翻转课堂等教学模式，能够激发学生的学习主动性和积极性，提高学习效果。

综上所述，高校英语教学方法改革势在必行。随着社会对英语人才的需求不断变化，传统的教学方法已经不能完全满足现代社会对英语应用能力的要求。教学改革需要引入更加注重实际应用的教学方法，关注学生的学习体验和兴趣，培养学生的综合语言技能，提高英语教学质量，从而更好地适应社会经济发展的需求。

第二节　基于职业导向的教学方法改革策略

基于职业导向的教学方法改革旨在突破传统教学的束缚，将学生的个人发展和职业发展作为核心，将英语教学与实际应用紧密结合，使学生能够在学习过程中不断提升实际交际能力和解决问题的能力，从而更好地适应未来职业领域的挑战。

一、改革的基本原则与理论依据

（一）学生为中心的教学理念

学生为中心的教学理念是一种教学观念和方法论，强调将学生视为学习的主体和决策者，将学生的需求、兴趣和能力放在教学的核心位置。在基于职业导向的教学方法改革中，将学生置于中心是至关重要的原则。

这一理念强调教师不再是传统意义上的知识传授者，而是学生学习的引导者和合作伙伴。教师需要积极了解学生的学习需求和兴趣，关注学生的个性差异，制定个性化的学习计划和教学目标。通过尊重学生的选择和发展，培养学生自主学习、自主探究的能力，激发学生的学习兴趣和主动性。

在基于职业导向的教学方法中，学生为中心的教学理念意味着将学生的职业需求和发展规划融入教学设计和实施过程。教师应该了解学生未来的职业目标，根据学生所学专业和职业方向，有针对性地提供相关的教学内容和实践机会。通过将学生个体发展与职业目标紧密结合，激发学生学习的内在动力，提高学习的效果和成就感。

（二）实践导向的教学理念

实践导向的教学理念强调学生在实际情境中学习和应用知识的重要性。基于职业导向的教学方法改革要求教学与实际应用紧密结合，使学生能够在真实情境中运用所学知识和技能。

实践导向的教学理念对高校英语教学具有重要意义。传统的英语教学往往注重语法和词汇的掌握，但学生在实际应用中可能感到无所适从。通过实践导向的教学方法，教师可以提供更多真实情境的学习体验，如模拟职场交流、实际应用写作等，让学生在实际情境中感知和理解语言的应用价值。这有助于提高学生的实际交际能力和解决问题的能力，增强学生的自信心和职业竞争力。

（三）多样化教学策略的重要性

多样化教学策略是指在教学过程中采用不同的教学方法和手段，以满足学生不同的学习需求和学习风格。在基于职业导向的教学方法改革中，多样化教学策略是提高教学效果的重要保障。

每个学生都是独特的个体，他们的学习能力、兴趣和学习风格各有不同。传统教学方法可能无法满足所有学生的需求，导致部分学生学习兴趣下降或学习效果不佳。因此，基于职业导向的教学方法改革应该引入多样化的教学策略，如任务型教学、情景教学、合作学习等，以满足学生不同的学习需求和提高学习的个性化。

（四）合作学习与交流的意义

合作学习强调学生之间的合作与交流，通过共同协作解决问题和完成任务，促进学生的学习效果和学习体验。在基于职业导向的教学方法改革中，合作学习与交流是培养学生团队合作和沟通技巧的有效途径。

英语作为一门交际语言，学习英语必须强调交流能力的培养。通过合作学习和交流活动，学生可以在团队合作中相互支持和学习，共同解决实际问题，提高交际和表达能力。这种合作与交流的过程不仅有助于学生在学习中相互促进，还能增强学生的社交能力和团队合作精神，为将来的职业发展奠定坚实基础。

二、基于职业导向的英语教学方法改革策略

（一）整合课程设计和教学方法

1. 结合职业技能需求的课程设计

结合职业技能需求的课程设计是一个关注实践性和应用性的教学设计理念。这个设计模式的主要目的是提供学生直接用于职场的知识和技能，帮助他们更好地适应工作环境，以及提升其在职业生涯中的竞争力。

需求分析：首先，对不同行业和职业的技能需求进行详细的研究和分析。这可能涉及与行业专家、雇主、前任员工以及行业协会等进行沟通，以便理解哪些技能和知识是被需求的。此外，也可以进行市场趋势分析，理解未来可能的职业技能需求。

课程开发：基于需求分析的结果，课程开发人员可以设计出满足特定职业技能需求的课程。这可能包括选择适当的教学内容、设计实践性的课程活动以及制

定明确的学习目标。

实践性教学：教学方法应强调实践性，提供学生足够的机会去应用他们在课程中学到的知识和技能。这可能涉及模拟实际工作环境的实验、实习机会以及项目式学习等。

持续评估和反馈：教师应定期评估学生的学习进度和技能掌握情况，提供及时的反馈。同时，也应根据评估结果对课程进行必要的调整。

结业评估：在课程结束时，应进行全面的结业评估，确认学生是否已经掌握了所需的职业技能。这可能包括理论测试、实践性评估以及其他形式的评估。

反馈循环：结合职业技能需求的课程设计应该是一个动态的过程。根据行业变化和学生反馈，教师和课程设计师应定期更新和调整课程内容和教学方法，以确保课程始终符合职业技能需求。

总的来说，结合职业技能需求的课程设计的关键在于将理论知识和实践技能紧密地结合起来，以确保学生能够从课程中获得实际工作所需的知识和技能。

2.实践教学方法的应用

实践教学方法是一种强调通过实际操作、体验和参与来学习知识和技能的教学方法。下面将详细介绍几种实践教学方法的应用。

项目式学习：项目式学习是一种以学生为中心的教学方法，学生在教师的指导下，通过独立完成一个主题相关的项目来学习和理解知识。在这个过程中，学生不仅可以学到知识，还可以学习如何解决问题、进行团队合作、管理时间等实践技能。

案例研究：案例研究方法是一种让学生通过分析真实或构想的实例来学习的方法。通过这种方法，学生可以理解和运用理论知识，培养他们的批判性思维和解决问题的能力。

实验或实践活动：实验或实践活动可以提供一个模拟的环境，让学生在安全的环境中实践他们的技能。

实地考察：实地考察是一种让学生直接接触和理解他们正在学习的环境或现象的方法。这种方法可以帮助学生更好地理解理论知识，并将知识和实际情况联系起来。

实习或工作体验：实习或工作体验可以让学生在真实的工作环境中应用他们的知识和技能，对于提高他们的职业技能非常有帮助。

模拟游戏：模拟游戏是一种让学生在游戏中学习的教学方法。在游戏中，学生可以模拟实际情况，学习如何应对和解决问题。

总的来说，实践教学方法是一种重要的教学方法，它能够帮助学生更好地理解和应用知识，提高他们的实践技能和问题解决能力。而且，实践教学方法还可以激发学生的学习兴趣，提高他们的学习主动性。

（二）利用技术支持教学

教育技术已经成为现代教育的一个重要组成部分。它可以帮助教师更有效地传授知识，同时也可以增加学生的参与度和学习效果。下面我们将详细探讨如何使用网络和多媒体工具支持教学，以及如何建立线上线下结合的教学模式。

1.使用网络和多媒体工具支持教学

网络和多媒体工具为教学提供了新的可能性。以下是一些可以用于教学的网络和多媒体工具：

在线学习平台：例如"超星尔雅""网易云课堂"等在线平台，可以帮助教师管理课程内容，发布并批改作业，进行学习评估，以及与学生进行在线互动。

多媒体工具：例如"WPS Office"，可以用于创建动态的 Power Point 演示文稿。另外，也可以利用"优酷"或"腾讯视频"等平台发布和共享教学视频。

在线协作工具：例如"腾讯文档"，允许学生进行团队协作，共同完成作业或项目。此外，"钉钉"等应用提供了团队内部沟通和协作的工具。

视频会议软件："腾讯会议"或"钉钉"的视频会议功能，可以让教师在线进行授课，并且学生无论身处何地都能参与到课程中来。

2.建立线上线下结合的教学模式

线上线下结合的教学模式，也称为混合式学习，是指结合面对面教学和在线教学的教学模式。这种模式的优势在于它结合了传统教学和在线教学的优点，可以提供更个性化、更灵活的学习体验。

具体实施混合式学习，可以遵循以下步骤：

确定目标：首先确定想要通过线上学习实现的教学目标，这可以是提供更多的个性化学习机会，增加学生的学习时间，还可以是利用技术来增强课程内容。

选择合适的工具：选择能够支持你的教学目标的在线工具。例如，如果你的目标是提供个性化学习，那么可以选择可以进行自我学习的在线平台。如果你的目标是提高学生的参与度，那么可以选择可以进行互动的工具，如讨论板、问答社区等。

设计课程：设计课程时，要考虑如何合理地结合线上和线下的教学。例如，可以将理论知识放在线上学习，然后在课堂上进行讨论和实践。

评估和反馈：定期评估学生的学习效果，收集学生对于混合式学习的反馈，以便进行必要的调整。

总的来说，利用技术支持教学和建立线上线下结合的教学模式可以提供更多的学习机会，提高学生的学习效果。

（三）建立评估和反馈机制

1. 建立以学生为中心的评估机制

以学生为中心的评估机制重视的是学生的学习过程和个体差异。它强调的是评估的目的不仅仅是给学生打分，而是更好地理解学生的学习情况，提高他们的学习效果。以下是一些建立以学生为中心的评估机制的建议：

格式化评估和非格式化评估相结合：格式化评估如期末考试、标准化测试等，可以评估学生的基本知识和技能。非格式化评估如作品集、自我评估、同行评估等，可以评估学生的创新能力、批判性思维能力和自我调整能力。

过程评估和结果评估相结合：过程评估关注学生的学习过程，例如学习策略、学习态度、参与度等。结果评估则关注学生的学习成果，例如考试成绩、项目完成度等。

及时反馈：及时反馈可以让学生知道自己在哪些地方做得好，哪些地方需要改进。这对于激发学生的学习动机，促进他们的学习进步非常有帮助。

2. 建立教学反馈和改进机制

教学反馈和改进机制是一种关注教学质量，不断提高教学效果的系统。以下是一些建立教学反馈和改进机制的建议：

定期收集反馈：可以定期向学生、家长、同事等收集对于教学的反馈。这可以通过问卷调查、访谈、观察等多种方式进行。

反馈分析：对收集到的反馈进行分析，找出教学的优点和不足。然后制定出改进教学的计划。

改进和调整：根据反馈和分析结果，对教学进行改进和调整。例如，如果反馈中提到学生对于某个主题的理解不深，那么可以在下次教学中加强这个主题的教学。

再次评估：在改进教学后，再次进行评估，看看改进措施是否有效。如果有效，可以继续实施。如果无效，可以再次收集反馈，进行调整。

通过这样的反馈和评估机制，教师可以持续改进教学，提高教学质量。同时，学生也可以通过评估了解自己的学习情况，提高学习效果。

三、基于职业导向的教学方法改革建议

基于职业导向的英语教学方法改革涉及许多方面，如教学目标、教学内容、教学评估等，需要有一套系统的实施策略。以下是具体的实施策略：

（一）制定长期的目标和改革计划

首先，需要明确改革的目标，比如希望通过改革提高学生的英语使用能力，增强他们的职业竞争力。然后，制定一个具体、可行的长期改革计划，包括改革的步骤、时间表、责任人等。

（二）建立多元化的教学团队

改革的成功与否，很大程度上取决于教学团队的素质和能力。因此，需要建立一个包括不同专业背景、有丰富教学经验和创新精神的教师的多元化教学团队。此外，还可以邀请行业专家和企业家参与教学，提供真实的职业场景和案例。

（三）推动教学文化和环境的改变

推动基于职业导向的英语教学方法改革，需要改变传统的应试教育文化，培养学生的实用能力和创新思维。此外，还需要优化教学环境，如提供现代化的教学设施，创建开放、合作的学习氛围。

（四）保证改革的可持续性

改革是一个长期的过程，需要有持续的投入和支持。可以通过吸引社会资本，如企业赞助，政府项目等，来获取改革的经费。另外，也需要定期评估改革的效果，及时调整改革策略，以确保改革的方向和效果。

总的来说，基于职业导向的英语教学方法改革是一项重大的任务，需要有明确的目标，强大的团队，适宜的环境和持续的支持。只有这样，才能真正提高英语教学的质量和效果，满足社会和个人的需求。

第三节　教学方法改革的具体实施

在当前的全球化背景下，基于职业导向的英语教学已经越来越受到重视。传统的语言教学方法可能无法满足现代职场对于实际语言运用能力的需求，因此教学方法的改革势在必行。本书将对任务教学法、情景教学法以及翻转课堂这三种

具有代表性的教学法在基于职业导向的英语教学中的具体实施过程进行探讨，以期为英语教学改革提供一些新的视角和实践策略。

一、任务教学法在基于职业导向的英语教学中的应用

（一）真实的工作场景任务的设计

真实的工作场景任务的设计其目的是让学生在学习英语的同时，也能够了解和熟悉自己将要从事的职业中所需要使用的专业英语。

设计这样的任务首先要了解目标职业领域的具体需求。例如，如果是商务英语课程，教师需要了解商务领域中常见的交际情境，如商务会议、产品展示、商务谈判等。然后，根据这些情境设计一系列相关的任务。这些任务可以是写一封商务电子邮件、准备一个产品展示的演讲稿，或者进行一场模拟的商务谈判。

在设计任务的时候，需要注意让任务尽可能地模拟真实的工作场景。任务的目标和要求需要明确，而且需要足够的难度以激发学生的学习动机。同时，任务的完成需要使用到一定的专业词汇和表达，这样学生在完成任务的同时，也能够学习和掌握这些语言材料。

另外，设计任务的时候也要考虑到学生的语言水平。任务不应该过于复杂，以至于超出学生的语言能力范围，也不应该过于简单，以至于不能切实提高学生的语言运用能力。总的来说，设计好的任务应该能够在提高学生的专业英语能力和激发学生的学习兴趣之间找到一个平衡。

（二）任务教学法的实施步骤

任务教学法的实施步骤通常可以分为以下几个阶段：

1.任务介绍：首先，教师需要向学生清晰地解释任务的目标、要求和预期的结果。在这个阶段，教师还可以提供一些关于任务主题的背景知识，或者预习一些将要在任务中使用的关键词汇和表述。

2.任务准备：学生在教师的指导下，或者自己独立地进行任务准备。这个阶段的目标是让学生熟悉任务的内容，思考如何完成任务，并准备必要的语言材料。对于需要小组合作的任务，学生还需要在这个阶段分配任务角色和任务分工。

3.任务执行：学生在教师的监督下，或者在小组内部进行任务的执行。在这个阶段，学生应该主动地运用英语进行交流，解决问题，实现任务的目标。教师的角色主要是观察、指导和给予适时的帮助。

4.任务反馈和评估：完成任务后，教师和学生一起进行任务反馈和评估。教师可以提供一些关于学生表现的正面或者建设性的反馈，帮助学生认识自己的优点和需要改进的地方。同时，学生也可以通过这个阶段学会自我评估和反思，提高自我调节学习的能力。

以上就是任务教学法的基本实施步骤。值得注意的是，这些步骤并不是固定不变的，教师可以根据实际的教学需求和学生的学习情况进行适当的调整。

二、在基于职业导向的英语教学中引入情景教学法

（一）情景教学法的理念与实施步骤

情景教学法是一种让学生在模拟的真实情景中学习语言的教学方法。这种方法主要是基于社会文化理论和交际语言教学法，认为语言是在特定社会文化情境中使用和学习的。

在基于职业导向的英语教学中，实施情景教学法的步骤通常包括以下几个阶段：

1.情景创建：教师创建一个与学生的职业需求相关的情景，如商务会议、客户服务、产品展示等。

2.角色分配和任务设定：教师分配给学生不同的角色，并设置情景和角色相关的任务，如准备一个演讲、解答客户的问题等。

3.情景演练：学生在模拟的情景中使用英语完成任务。教师在此过程中提供必要的帮助和指导。

4.反馈和评估：完成任务后，教师和学生一起对情景演练的过程和结果进行反馈和评估。

（二）情景创建与角色扮演

创建逼真的教学情景是情景教学法的关键。教师需要根据学生的职业需求和语言水平，设计出有挑战性而又适合学生的情景。这些情景应该包含学生在真实工作中可能遇到的语言任务和交际情境。

角色扮演在此过程中也起到了重要的作用。通过扮演不同的角色，学生可以更好地理解和体验情景中的语言任务，同时也可以在角色扮演的过程中提高他们的语言运用能力和问题解决能力。

（三）情景教学法的反馈和评估

在情景教学法中，反馈和评估是提高学生语言能力的重要环节。教师可以通

过观察和评估学生在情景中的表现，给出具体和有针对性的反馈，帮助学生了解自己的优点和需要改进的地方。同时，通过自我评估和同伴评估，学生也可以提高他们的自我反思能力和批判性思维能力。

三、翻转课堂在基于职业导向的英语教学中的实施

（一）翻转课堂的定义和原理

翻转课堂是一种教学模式，它将传统课堂的教学内容和作业时间进行翻转。在翻转课堂中，学生在课前预习新的课程内容，而在课堂上的时间则主要用于讨论问题、进行实践活动和深化理解。这种教学模式的主要目标是让学生在教师的引导下，主动地参与到学习过程中，而不仅仅是被动地接受知识。

（二）翻转课堂的实施步骤

在基于职业导向的英语教学中，实施翻转课堂的步骤通常包括以下几个阶段：

1.课前预习：教师提供预习材料，如教学视频、阅读材料或者在线课程，让学生在课前自学新的课程内容。

2.课堂活动：课堂上的时间主要用于深化理解和运用新的课程内容。这可能包括小组讨论、角色扮演、案例分析等活动。教师在此过程中的角色主要是引导者和协助者。

3.课后作业：课后，学生需要完成一些与课程内容相关的作业，如写作、研究项目或者在线测试。这些作业可以帮助学生巩固和扩展他们在课堂上学到的知识。

（三）翻转课堂的评估与反馈

在翻转课堂中，评估和反馈是提高学生学习效果的重要环节。教师可以通过观察和评估学生在课堂活动和课后作业中的表现，给出具体和有针对性的反馈。同时，学生也可以通过自我评估和同伴评估，提高他们的自我反思能力和批判性思维能力。在基于职业导向的英语教学中，教师还可以根据学生的职业需求，设计出与工作相关的评估标准，以提高评估的实用性和有效性。[①]

以上三种教学方法都注重培养学生的主动性和创造性，通过创新性的教学设计使他们参与到真实的、复杂的语言使用情景中，从而更好地满足现代职场的需求。

---

① 陈娟.基于就业导向的高校英语教学改革分析 [J].侨园，2019（6）：77.

　　同时，信息技术的飞速发展为英语教学提供了无限的可能性。例如，混合学习便是一个很好的例子，它通过线上的预习和线下的实践活动打破了传统课堂的时空限制，使得教学更加个性化和灵活。此外，以 AI 和大数据为代表的新技术也正在逐渐改变英语教学的面貌，如个性化学习路径的制定、实时反馈的提供以及智能语音识别等。

　　总的来说，英语教学方法的改革需要教师具备开放的心态和创新的精神。教师不仅要跟上时代的步伐，熟悉并掌握新的教学技术，而且还要根据学生的需求和特点，灵活地运用和组合不同的教学方法。只有这样，高校英语教学才能在这个快速变化的时代中，为学生提供一种更符合他们需求的、更有效的英语教学方式。

第六章 基于职业导向的高校英语教学评价改革策略

第一节 英语教学评价概述

教学评价作为教学活动的重要组成部分，对于提升教学质量，指导教学改革，促进学生全面发展有着重要的作用。本节就对英语教学评价的相关理念、方法进行全面的阐述与梳理。

一、英语教学评价的理念

（一）教学评价的定义和重要性

教学评价是对教学过程和教学结果进行系统性、科学性的测量、判断和价值评定的活动。这一过程可以帮助教师了解教学的效果，以便调整和改进教学方法和策略。教学评价的重要性在于，它为教学活动提供了反馈，有助于教师和学生了解学习进程和学习效果，同时也为教学改革提供了依据。

在英语教学中，教学评价不仅关注学生的英语语言能力，如听、说、读、写四项基本技能，还关注学生的跨文化交际能力、思维能力、学习策略等综合能力。因此，英语教学评价的重要性也在于，它能够全面地反映学生的英语综合素质，有助于形成全面、公正、准确的教学效果评价。

（二）教学评价的基本原则

教学评价应遵循一些基本原则，以保证评价的有效性和公正性。

1. 全面性原则

全面性是指教学评价应涵盖学生所有的学习领域，包括知识、技能、态度和价值观等。全面性原则强调了评价的广度和深度。它要求评价的内容涵盖学生的全面发展，不仅包括学生的知识掌握情况，也包括学生的能力和素质的发展。全面性原则的实施有助于全面、准确地了解和评价学生的学习情况，避免因片面、局部的评价导致的评价偏差。

（1）知识掌握：全面性评价要求考查学生在特定学科领域内的知识掌握程度，这是最基础的评价内容。但它不仅局限于对学生记忆知识的评价，也包括对学生理解、应用、分析、评价和创新知识的评价。

（2）技能发展：全面性评价要求考查学生的各种技能，包括学习技能、思维技能、操作技能、沟通技能等。例如，评价学生的英语能力，不仅要考察他们的英语语言知识，还要考察他们的听说读写翻译等综合应用能力。

（3）态度和价值观：全面性评价要求关注学生的态度和价值观，包括学习态度、合作态度、社会态度等，以及对价值观、人生观、世界观的认识和理解。

（4）多角度、多层面、多环节：全面性评价要求从多个角度（如自我评价、同伴评价、教师评价、家长评价等）、多个层面（如知识、技能、态度、价值观等）和多个环节（如课堂学习、课后作业、实验实践、社会实践等）对学生进行评价，以保证评价的全面性。

通过全面性原则的实施，我们可以更全面、准确地了解和评价学生的学习情况，更有效地指导学生的学习，促进学生的全面发展。

2.客观性原则

客观性是指教学评价应客观公正地对待每一个学生，避免主观偏见的影响。客观性原则对教学评价的公平性、公正性进行了强调。客观性原则的实践可以有效防止主观偏见对教学评价的影响，保证所有学生得到公平、公正的评价。

（1）采用客观的评价标准和方法：客观性原则要求教师在评价过程中避免个人情感和主观意愿的影响，采用客观的评价标准和评价方法。例如，评价学生的学习成绩，应依据清晰、公正的评价标准，以学生的实际表现为评价依据，避免以主观感受和个人喜好作为评价依据。

（2）公平的评价：客观性原则要求教师对所有学生都公平对待，不因人的喜好、关系等因素影响评价结果。这要求教师对每一位学生的学习表现都进行公正、公平的评价，不偏袒、不歧视。

（3）减少主观因素的干扰：客观性原则要求教师在评价过程中尽可能减少主观因素的干扰。例如，教师可以通过设计客观性强的考试题目，或采用多元评价方法，如自我评价、同伴评价、家长评价等，以增加评价的客观性。

（4）反馈公正：客观性原则也要求教师对学生的学习表现提供公正、客观的反馈，避免主观情绪对反馈的公正性产生影响。

通过实践客观性原则，我们可以为所有学生提供公平、公正的学习环境，激发他们的学习积极性，提高他们的学习成效。

3. 连续性原则

连续性是指教学评价应持续进行，不仅在教学的开始、中间、结束阶段进行，而且在学生的学习过程中持续不断地进行。

（1）持续的观察与评价：连续性原则要求教师在整个教学过程中，持续观察学生的学习态度、学习方法、学习进度等各个方面，通过多元化的评价方法，如参与度评价、表现评价等，对学生的学习过程进行持续评价。

（2）及时发现学习问题：连续性原则要求教师在教学过程中，及时关注学生的学习情况，发现学生的学习问题，对学生的学习困难和挑战给予及时的关注和帮助。

（3）及时给予反馈和指导：连续性原则强调教师要对学生的学习过程给予及时、具体、建设性的反馈，帮助学生了解自己的学习情况，调整学习策略，提高学习效果。

（4）关注学习过程的变化：连续性原则强调教师应关注学生学习过程的变化，包括学习态度、学习方法、学习进度等各个方面的变化，以便更准确、更全面地理解和评价学生的学习情况。

实践连续性原则的教学评价不仅能帮助教师更好地理解学生的学习情况，更能帮助学生了解自己的学习进度，调整学习策略，提高学习效果。

4. 发展性原则

发展性是指教学评价应注重评价结果的利用，促进学生的学习进步和个人发展。以下是发展性原则在实际应用中的几个关键方面：

（1）利用评价结果调整教学策略：根据评价结果，教师可以更好地理解学生的学习需求，学习兴趣，学习难点，从而调整教学策略，设计更适应学生的教学活动。

（2）反馈给学生：发展性原则强调教师要及时、明确、具体地把评价结果反馈给学生，帮助学生了解自己的学习状态，提高学生的自我认知能力，引导学生进行自主学习。

（3）激发学生的学习兴趣：利用评价结果，教师可以发现学生的兴趣所在，激发学生的学习兴趣，提高学生的学习积极性。

（4）促进学生的学习进步：教师可以利用评价结果，对学生的学习困难和学习问题给予及时的帮助和支持，引导学生制定有效的学习策略，促进学生的学习进步。

（5）促进学生的个人发展：教师可以利用评价结果，了解学生的个人特长，潜能，帮助学生发展个人优势，促进学生的全面发展。

综上所述，发展性原则强调教学评价不仅是评价学生的学习成绩，更是促进学生学习进步，促进学生个人发展的重要工具。

（三）英语教学评价的内容

1.对学生英语学习能力的评价

英语教学评价最基本的应用之一是评价学生的英语学习能力。这包括评价学生的基本语言技能（如听、说、读、写）和更高阶的语言能力（如批判性思考、解决问题、跨文化交际等）。具体的评价方法可以包括书面考试、口语考试、作文评分、项目评价等。通过对学生的英语学习能力的评价，教师可以了解学生的学习状况，提供个性化的教学帮助，同时，学生也可以了解自己的学习进展，调整自己的学习策略。

2.对英语教师教学质量的评价

英语教学评价也可以用于评价英语教师的教学质量。这可以通过学生的反馈、教师的自我评价、同行评价等方式进行。评价的内容可以包括教师的教学策略、课堂管理、教学态度、专业能力等。通过对英语教师的教学质量的评价，学校可以对教师进行管理和培训，提高教学质量。

3.对英语教学策略和方法的评价

英语教学评价还可以用于评价英语教学的策略和方法。例如，教师可以通过评价学生的学习成果，来了解自己使用的教学策略和方法的效果。另外，学校或研究机构也可以通过大规模的教学评价，来研究和比较不同的教学策略和方法。这种评价可以帮助我们了解哪些教学策略和方法是有效的，哪些需要改进，从而不断优化英语教学。

二、英语教学评价与教学改革

（一）教学评价对教学改革的支持

教学评价是教学改革的重要参考和依据。一个科学、合理、有效的教学评价系统可以提供大量实证数据，帮助我们了解教学实施过程中的问题和困难，明确教学改革的方向和目标。

评价结果的反馈：教学评价的结果反馈可以清晰地展现出学生的学习情况、教师的教学质量等多个方面的信息，这些信息为教学改革提供了基础数据。

评价结果的分析：通过对评价结果的分析，我们可以发现学生的学习需求，学习难点，学习兴趣等信息，这些信息有助于我们更好地理解学生的学习实际情况，从而制定出更符合学生需求的教学策略和方法。

评价结果的利用：教学评价的结果不仅可以用来评价学生的学习效果，还可以用来评价教学方法和策略的效果。通过利用评价结果，我们可以了解现行教学方法和策略的优点和缺点，从而指导教学改革的实施。

（二）教学改革对教学评价的影响

教学改革是推动教学评价发展的重要动力。新的教学理念、教学目标、教学方法的出现，都会对教学评价提出新的要求。

教学目标的转变：随着教学理念的更新，教学目标也在不断转变。例如，从单一的知识技能目标向素质教育的全面发展目标转变，这就需要教学评价也相应地转变，更多地考虑学生的全面能力和素质的评价。

教学方法的改革：新的教学方法，如案例教学、探究学习等，往往需要新的评价方式和评价工具，如同行评审、学生自我评价等，以适应新的教学方法。

教学理念的影响：新的教学理念，如学生中心，注重学生主体性，这就要求教学评价也要以学生为中心，注重评价学生的自主学习能力，创新能力等。

综上，教学评价和教学改革是相互影响，相互促进的。我们需要通过科学的教学评价来指导教学改革，同时，也要不断地改革教学评价，以适应新的教学理念和方法。

三、英语教学评价的类型和方法

根据教学目标、教学内容的不同，英语教学评价的侧重也不尽相同，下面就对英语教学评价的常见类型进行简单介绍。

（一）按功能分

1.诊断性评价

诊断性评价主要发生在教学活动的初期或过程中，其目的是识别学生的学习需求、优点和缺点，以及任何可能妨碍学习的障碍，通过这种类型的评价，教师可以制定或调整教学策略以满足学生的个性化学习需求。诊断性评价可以通过测试、讨论、观察、作业或其他形式进行。此外，诊断性评价也可以帮助学生认识自己的学习风格和能力，并鼓励他们采取有效的学习策略。

2.终结性评价

终结性评价，也被称为结果评价或成果评价，主要是在教学阶段或课程结束时进行的评价，其目的是评价和总结学生的学习成果，如学生对知识和技能的掌握程度，学生的学习进步和改进，学生的学习成绩等。终结性评价通常是通过考试、测验、作业、报告等形式进行的，其结果往往被用来作为学生的成绩、升学、毕业等的依据。

终结性评价强调的是学生的学习结果，但这并不意味着它只关注学生的学习成绩。事实上，一个高质量的终结性评价应该能全面反映学生的学习成果，包括知识、技能、态度和价值观等。

（二）按评价阶段分

1.过程评价

过程评价是指在教学活动进行中进行的评价，主要关注学生的学习过程和学习策略。这种评价可以帮助教师了解学生的学习进度，调整教学方法和策略，及时提供反馈，帮助学生改进学习策略，提高学习效率。同时，过程评价也可以让学生了解自己的学习进度和问题，促进自我反思，激发学习动机。

具体形式上，过程评价可以通过观察、讨论、作业、测试等方式进行。例如，教师可以通过观察学生的课堂参与情况、小组活动表现、作业完成情况等了解学生的学习过程。

2.结果评价

结果评价是指在教学活动结束后进行的评价，主要关注学生的学习结果。这种评价通常用于评价学生对知识和技能的掌握程度，评定学生的学习成绩，也是评定教学效果的重要手段。

结果评价通常采用考试、报告、作业等形式，具有较高的权威性和决定性。例如，期末考试就是对学生一学期学习成果的结果评价。

然而，虽然结果评价对于学生的学业成绩和教学质量评估非常重要，但过于依赖结果评价可能会忽视学生的学习过程，导致教学质量的下降。因此，过程评价和结果评价需要相辅相成，共同促进学生的学习进步。

（三）按评价性质分

1.定量评价

定量评价主要关注可测量、可计数的评价对象，它利用数值或统计数据来衡量学生的学习成果。例如，考试成绩、作业完成数量、课堂参与次数等，都是可以用定量方法进行评价的。定量评价通常比较客观，容易比较和分析，但可能忽视学生的非数量化的个性特征，如学习态度、思维能力等。

2. 定性评价

定性评价主要关注难以通过数值衡量的评价对象，如学生的学习态度、思维能力、创新能力、团队协作能力等。定性评价通常通过观察、访谈、案例分析等方式进行，能够提供对学生学习全面、深入的理解。

定性评价和定量评价各有优势，应在英语教学评价中结合使用。定量评价可以提供清晰、具体的学习成果数据，有利于教师快速了解学生的学习情况；定性评价可以提供对学生学习过程和学习策略的深入理解，有利于教师了解学生的学习需求，调整教学策略。

（四）按评价对象分

1. 自我评价

自我评价是指学生对自己的学习情况进行评价，包括对自己的知识掌握程度、学习策略、学习态度、学习成果等进行自我检查和自我反思。自我评价可以提高学生的自主学习能力和认知能力，培养学生的自我监控和自我调整能力。

2. 同伴互评

同伴互评是指学生之间相互评价各自的学习情况，通常在小组活动或项目学习中进行。同伴互评可以提高学生的批判思考能力和合作能力，有助于学生了解他人的看法，吸取他人的优点。

3. 教师评价

教师评价是指教师根据教学目标和标准对学生的学习情况进行评价，是教学评价中最常见的一种方式。教师评价可以提供关于学生学习的专业反馈，帮助学生了解自己的优点和不足，明确学习目标和方向。

（五）按评价方式分

1. 传统评价

传统评价通常是定量化的，主要关注学生的学习成果，如考试成绩或作业成绩，而较少关注学生的学习过程。这种评价方式往往依赖于标准化测试和客观题，主要目的是通过比较学生的表现来排名或分类。传统评价往往更加强调知识的记忆和理解，而较少关注学生的批判性思考、创新能力和实践能力。

2. 现代评价

现代评价更加重视学生的全面发展，不仅关注学生的知识和技能，还关注学生的态度、价值观和个人特质。现代评价通常更加强调形成性评价，即在学生学习过程中进行持续的反馈和调整，以促进学生的学习进步。现代评价也更加重视学生的自我评价和同伴互评，以提高学生的自主学习能力和合作能力。此外，现代评价也更加注重使用多元化的评价工具和方法，如观察、访谈、作品集、演示等，以全面、深入地了解学生的学习情况。

以上各类评价方法在实际教学中应灵活使用，以满足不同教学目标和学生需求，从而更有效地提高英语教学质量。

第二节 高校英语教学评价中存在的问题

教学评价作为教学过程中的重要环节，其功能不仅仅是对学生的学习成绩进行评定，更是对学生学习过程的监控和调控，对教学活动的反馈和改进，以及对学生学习发展的引导和促进。然而，目前我国高校英语教学评价存在一些问题，如过度强调学习结果，忽视学生情感与心理，缺乏学生自我评价，以及职业能力培养的缺失等，这些问题影响了英语教学评价的公正性、有效性和科学性，也阻碍了学生的全面发展。因此，本节就对我国高校英语教学评价的现状和问题进行深入分析。

一、高校英语教学常用评价方法

（一）考试或者测试的评价方法

1. 期中、期末考试

期中和期末考试是最常见的教学评价方式。通常情况下，这两种考试会涵盖学期中所学的所有内容，通过测试学生对学期所学知识的理解和掌握情况，以此评定学生的学习成果。然而，这种评价方式往往强调学生对知识的记忆和理解，可能忽视了学生的思维能力、实践能力和创新能力等。

2. 随堂测试

随堂测试一般在每节课结束时进行，主要测试学生对本节课内容的掌握情况。这种评价方式可以及时发现学生的学习问题，有助于教师调整教学策略，提高教学效果。但随堂测试时间短，内容有限，可能无法全面评价学生的学习成果。

3.在线测试

随着教育信息化的发展，越来越多的高校开始使用在线测试。在线测试可以方便地对学生的学习进行实时监控，及时反馈学生的学习情况，有助于提高学生的学习效率。然而，由于缺乏面对面的交流和互动，可能无法充分评价学生的沟通能力和团队协作能力等。

4.标准化测试

标准化测试是通过一套统一的测试工具和标准对学生的学习成果进行评价。例如，英语四、六级考试、雅思和托福等。标准化测试具有较高的客观性和公正性，可以比较准确地反映学生的语言水平。然而，标准化测试通常较为重视学生的语言知识和技能，可能忽视了学生的思维能力和创新能力等。

（二）作业和实践的评价方法

1.书面作业

书面作业是最常见的教学评价方式之一，它可以帮助教师了解学生对所学内容的理解程度和掌握情况。这种评价方式可以促使学生在课后深入学习，加深对知识的理解。然而，书面作业主要考查学生的知识掌握程度，可能无法全面反映学生的实践能力和创新能力。

2.口头报告

口头报告可以检验学生的口头表达能力、逻辑思维能力和团队协作能力等。通过口头报告，学生不仅可以展示自己的学习成果，还可以学习和锻炼自己的沟通能力和思考能力。然而，口头报告需要花费较多的时间，可能无法在大班教学中广泛应用。

3.实践活动或项目

实践活动或项目可以使学生将所学知识应用到实际情境中，检验和提高学生的实践能力和创新能力。通过实践活动或项目，学生可以深入理解和掌握知识，提高问题解决能力。然而，实践活动或项目的评价标准和方法可能较为复杂，需要教师具有较高的专业素养和评价能力。

（三）课堂表现的评价方法

1.出席情况

出席情况通常被用作评价学生的学习态度和课堂表现的一个重要指标。学生的出席情况可以反映他们对学习的认真程度，对课程的重视程度，以及对时间管理的能力。然而，仅依赖出席情况来评价学生可能存在一些问题，例如，有的学生可能身体出席，但心不在焉。

2.课堂参与度

课堂参与度是评价学生的另一个重要指标。这包括学生是否积极参与课堂讨论，是否对课堂内容表现出兴趣，以及是否能够提出有深度和独创性的问题等。然而，这种评价方法可能存在一些挑战，例如，如何公正地评价每个学生的参与度，以及如何确保所有学生都有平等的参与机会等。

3.小组讨论表现

小组讨论是英语课堂中常见的教学活动，学生的表现可以从多方面反映其语言能力，如理解、表达、交际等。同时，小组讨论也能考查学生的团队协作能力，创新思维等。然而，评价小组讨论表现需要花费较多的时间和精力，且对教师的评价能力有较高的要求。

二、高校英语教学评价中存在的问题

（一）过度强调英语学习的结果

在许多高校的英语教学评价中，学生的英语水平常常以他们对词汇和语法规则的掌握程度作为主要的评价标准。而这种强调结果的评价方法，虽然在一定程度上可以测量学生的语言知识储备，但却常常忽视了他们实际应用英语的能力。

举例来说，学生可能能够正确地回答关于语法和词汇的选择题或填空题，但这并不代表他们能够在实际情境中流利、准确地使用英语。他们可能在写作或口语表达中遇到困难，因为这需要对语言进行更为复杂的运用，包括逻辑思维、理解语境、适应听说者的反应等。

更重要的是，这种过度强调英语学习结果的评价方式，可能会使教学过程变得机械和枯燥，学生可能会为了应付考试而死记硬背，而忽视了英语学习的实际目的，即使用语言进行有效的交流和理解。因此，高校英语教学评价中应该更加关注学生的语言应用能力，而不仅仅是他们的词汇量和语法知识。

（二）忽视学生的情感与心理

在英语教学评价中，如果只关注学生的知识掌握程度，而忽视他们的情感和心理状态，那么评价结果可能无法准确反映学生的真实学习状况。

学习语言是一个复杂的过程，不仅涉及知识和技能的掌握，还涉及情感和心理因素。学生的情绪、动机、信心、焦虑等都会影响他们的学习进程和结果。例如，一个学生如果对英语学习有强烈的兴趣和积极的学习态度，那么他可能会更加投入学习，从而取得更好的成果。相反，如果一个学生对英语学习感到厌恶或焦虑，那么无论他的知识掌握程度如何，他的实际表现可能都无法达到理想的水平。

高校英语教学评价中应当关注学生的情感和心理状态，了解他们的学习动机、学习态度、自信心、学习压力等，以此作为评价学生语言能力的重要依据。只有这样，才能更全面、更准确地了解学生的实际学习状况，从而更有效地进行教学改进和个别化教学。[1]

（三）缺乏学生的自我评价和同伴评价

在传统的英语教学评价中，教师通常是评价的主体，而学生则是被评价的对象。这种方式虽然在一定程度上能够评估学生的学习成果，但却忽视了学生自我评价和同伴评价的重要性。首先，自我评价是学生自我认知和自我发展的重要途径。通过自我评价，学生可以更好地了解自己的优点和不足，明确学习目标，提高学习自主性和自我调节能力。自我评价也可以让学生从评价者的角度去思考和理解学习要求和评价标准，从而提高他们对学习过程和学习结果的反思和评价能力。其次，同伴评价可以增加学生的互动和合作，提高他们的交流和合作能力。通过同伴评价，学生可以从不同的视角去观察和思考问题，接受和理解他人的评价和建议，同时也能学会批判性思考和公正地评价他人。

高校英语教学评价中应当加强学生的自我评价和同伴评价，让学生更加积极地参与到评价活动中，提高他们的自我认知、自我调节和社会交往能力，从而促进他们的全面发展。

（四）重视语言的学习而忽视能力培养

在高校英语教学评价中，过于重视对学生语言知识的掌握（比如词汇量、语法知识等），而忽视对学生综合能力的培养，是目前存在的一个问题。

批判性思维、创新能力和团队合作能力等都是21世纪所需要的重要技能。这些能力的培养并不仅仅应该在专业课程中进行，也应当成为英语教学的一部分。在英语学习过程中，学生通过对不同文化、价值观的学习和理解，可以提高他们的批判性思维能力；通过解决实际语言使用问题，参与英语项目或者活动，可以提高他们的创新能力；通过小组活动，合作完成任务，可以提高他们的团队合作能力。

在英语教学评价中，应当关注学生这些能力的发展，而不仅仅是他们的语言知识掌握情况。具体来说，我们可以在评价体系中设置相关的评价指标，比如批

---

[1] 高美云，罗春晖.基于职业能力培养视角的高职英语教学模式改革研究[M].长春：吉林人民出版社，2018：330-360.

判性思维、创新能力和团队合作能力等，通过课堂活动、项目学习、小组讨论等方式，让学生有机会实践和展示这些能力，从而在评价中得到充分的体现。

（五）以量化为主，忽视个性化评价和定性评价，无法准确反映学生的个性特点和潜能

在高校英语教学评价中，传统的评价方式通常以量化为主，比如通过考试成绩、测试分数等方式进行评价。这种方式虽然方便快捷，易于统计和比较，但它往往忽视了学生的个性化需求和定性的成长。

学生的学习不仅是知识和技能的掌握，更是他们自我成长和发展的过程。学生的个性特点和潜能往往体现在他们的学习态度、学习方法、思维方式等方面，这些方面的成长和进步是量化评价难以捕捉到的。而且，每个学生的学习进度和学习路径也是不同的，单一的量化评价无法满足学生的个性化需求。

高校英语教师需要在英语教学评价中引入个性化评价和定性评价，以更全面和准确地反映学生的学习情况。例如，我们可以通过观察学生的课堂表现、分析学生的学习作品、收集学生的学习反思等方式进行定性评价；我们也可以根据学生的学习需求和目标，制定个性化的评价标准和方法，以满足他们的个性化需求。

（六）评价体系中缺乏对职业能力的考核和培养，不能有效地培养学生的职业技能和适应职场的能力

在当前的社会环境中，大学毕业生将面临的不仅仅是学术挑战，更多的是职业发展的挑战。英语作为一门重要的语言技能，对于学生的职业发展有着巨大的影响。然而，现有的高校英语教学评价体系在这方面却显得不够完善。

首先，评价体系往往过于重视语言知识的掌握，而忽视了语言应用能力的培养。例如，虽然学生可能掌握了大量的词汇和语法知识，但他们在实际的工作环境中可能无法有效地使用英语进行交流和表达。

其次，评价体系中往往缺乏对职业能力的考核和培养。比如，面试技巧、商务沟通、报告撰写等在职场中常用的英语应用能力，往往没有被包含在评价体系之中。

在英语教学评价中引入职业能力的考核和培养，以更好地帮助学生适应未来的职场生活。这可能需要我们改变现有的评价方式和标准，比如引入模拟面试、情景模拟、项目报告等评价方法，以更真实地模拟职场环境，让学生在学习中获得实践经验，培养他们的职业技能。

三、高校英语教学评价中问题的成因

（一）英语教学评价观念滞后，仍然停留在传统的知识传输模式

英语教学评价观念滞后是导致上述问题存在的一个主要成因。传统的教学评价往往侧重于知识的传输和掌握，这种观念也在一定程度上影响了英语教学评价。在这种评价观念下，教师和学生都可能过于注重英语知识的学习，如词汇、语法等，而忽视了语言的实际应用能力和实践能力的培养。

传统的知识传输模式强调教师的主导地位和学生的被动接受，这可能会导致学生缺乏主动性和创新性。同时，这种评价方式也可能导致教师对学生的评价过于依赖考试成绩，忽视了学生的情感、态度、兴趣和个性等非智力因素。

因此，教学评价者需要转变英语教学评价的观念，不再仅仅侧重于知识的传输和掌握，而应更多地注重学生的能力培养和全面发展，包括语言应用能力、思维能力、社交能力、自主学习能力以及职业技能等。

（二）教学评价方法和工具的单一化，难以全面准确地评估学生的学习成果

另一个影响英语教学评价的问题是教学评价方法和工具的单一化。传统的教学评价方法，比如笔试和口试，主要侧重于学生的知识掌握情况，难以全面准确地评估学生的学习成果，包括学生的语言应用能力、学习策略、情感态度等方面。

一方面，笔试和口试这样的传统评价方法，可能难以考查学生的实际语言运用能力和批判性思维能力。比如，笔试中的选择题和填空题，主要考查学生的语言知识，而不是语言应用。口试则可能受到考试环境和考试压力的影响，无法真实反映学生的口语能力和交际能力。

另一方面，如果仅依赖一种或少数几种评价方法，可能会使评价结果偏颇，无法全面反映学生的学习情况。比如，一些学生可能在笔试中表现优秀，但在实际交际中的表现却不尽如人意；或者，一些学生在团队合作和项目实践中表现出色，但在传统的考试中却得不到足够的认可。

因此，教师需要优化英语教学评价的方法和工具，使之更加多元化和综合化，能够全面准确地评估学生的学习成果。这可能包括但不限于：引入项目评价、实践评价、组合评价等多种评价方法；发展和应用各种评价工具，比如综合测试、观察记录、学习日志、学习文件夹等。

（三）缺乏对职业能力评价的理解和重视，没有将其融入英语教学评价中

职业能力在当今社会和就业市场中起着越来越重要的作用，然而在高校英语

教学评价中，我们还往往忽视对职业能力的评价。

职业能力并不仅仅是对专业知识的掌握，它还包括了诸如沟通能力、团队合作能力、问题解决能力、自我管理能力等各种通用技能。在英语教学中，我们可以将这些通用技能和英语知识学习相结合，例如，通过小组讨论和项目合作来培养学生的团队合作能力和问题解决能力；通过英语演讲和报告来培养学生的公众演讲能力和沟通能力；通过自我学习和时间管理来培养学生的自我管理能力。

然而，目前的高校英语教学评价还往往侧重于学生的知识掌握情况，忽视了这些通用技能的培养和评价。这可能会导致学生虽然掌握了丰富的英语知识，但在实际的职场中却无法有效地运用这些知识，也无法适应职场的工作要求。

教师需要提高对职业能力评价的理解和重视，将其融入英语教学评价中。这不仅可以帮助学生更好地理解和掌握英语知识，也可以帮助学生提升职业能力，更好地适应未来的职场生活。

四、对高校英语教学评价进行改革的建议

（一）改变英语教学评价观念，强调学生的全面发展

现代教育理念强调学生的全面发展，包括知识技能、思维能力、情感态度、价值观等方面。为了适应这种变化，英语教学评价也应超越单纯关注学生英语知识技能掌握的传统模式，以更多地关注学生在英语学习过程中各方面能力的提升和发展。

（二）优化英语教学评价方式和工具，更加注重过程和能力的评价

传统的英语教学评价往往过分关注学生的学习结果，忽视了学习过程和学习能力的发展。这就要求教师在制定评价方式和工具时，需要考虑如何既能评估学生的英语知识掌握程度，又能关注到学生的学习过程和能力发展。例如，采用形成性评价和终结性评价相结合的方式，以及定量评价和定性评价相结合的方式。

（三）增加自我评价和同伴评价的比重，促进学生的自主学习和互动学习

自我评价和同伴评价能够帮助学生更好地认识自我，理解并接受他人，从而促进他们的自主学习和互动学习。因此，建议在英语教学评价中适当增加自我评价和同伴评价的比重，鼓励学生积极参与自我反思和互动交流。

（四）注重对学生职业能力的培养和评价，与社会需求和职业要求相对接

英语教学不仅仅是语言技能的传授，更应关注学生的职业发展。因此，英语教学评价也应关注学生的职业技能和素质，比如团队协作能力、领导力、项目管

理能力等，并结合社会需求和职业要求，评价学生的职业适应能力。

（五）定期对教学评价进行反思和调整，保证其科学性和有效性

英语教学评价作为教学过程的重要环节，也应该随着教学改革和学生需求的变化而不断调整。建议定期对教学评价进行反思和调整，及时发现问题，调整评价策略，以保证评价的科学性和有效性。

第三节　基于职业导向的英语教学评价改革措施

基于职业导向的英语教学评价，是对传统评价方式的一种有益补充。其主要特点是以职业能力为核心，全面公正公平地评价学生的语言能力和职业素养，并通过积极的反馈，帮助他们持续提升。为了实现这一目标，我们需要进行一系列的改革措施，下面就对此进行详细阐述。

一、基于职业导向英语教学评价的原则

（一）以职业能力为核心的评价原则

基于职业导向的英语教学评价首要原则是将职业能力作为评价的核心。这一原则的核心观念是，高校英语教学的目标不仅仅是帮助学生掌握语言知识，更重要的是使他们能够在职场上有效地使用英语。这需要评价体系在评价学生的语言知识和技能的同时，也关注他们的职业能力，包括但不限于沟通能力、解决问题的能力、批判性思维能力和团队协作能力等。

首先，评价标准应该根据不同专业的职业需求进行设定，以保证学生所学习的英语知识和技能符合他们未来的职业发展需求。例如，商务英语的教学和评价应该注重学生的商务沟通能力和文化适应能力；科学技术英语的教学和评价则应该注重学生的技术报告写作和口头报告能力。

其次，评价过程应该提供全面的反馈，以帮助学生明确自己的优点和不足，了解职业能力的发展方向。这种反馈可以通过教师的评价、同伴评价和自我评价等多种形式进行。

最后，评价结果应该与职业能力的发展和提升紧密联系，而不是仅仅作为评定学生学业成绩的工具。通过这样的评价，学生可以更好地理解他们所学习的英语知识和技能在职场上的实际应用，进而提高自己的职业素养。

（二）全面、公正、公平的评价原则

在基于职业导向的英语教学评价中，全面、公正、公平的评价原则至关重要。

首先，全面的评价原则是指评价应包含学生在英语学习过程中的各个方面，包括他们的语言技能、思维能力、合作能力、自主学习能力等，并反映学生在知识、技能和态度等多个方面的发展状况。这样的评价方式可以提供对学生全面的、多方面的反馈，帮助他们全面了解自己的优点和不足，从而做出有效的学习策略和职业规划。

其次，公正的评价原则是指评价应当避免任何形式的偏见和歧视，确保每个学生都能得到公正的评价。这包括确保评价标准和流程的透明度，以及对所有学生使用相同的评价标准。评价结果的公正性也体现在对学生的反馈和建议上，应根据他们的具体情况和需求提供个性化的、具有针对性的反馈和建议。

最后，公平的评价原则是指评价应当保障所有学生有平等的学习和发展机会。在评价过程中，不仅要关注学生的成绩，也要关注他们的进步。对于学习困难的学生，应提供更多的支持和引导，帮助他们改进学习方法，提高学习效率。这种公平的评价方式可以激励所有学生积极参与学习，提高他们的学习动力和信心。

（三）积极反馈，持续提升的评价原则

在基于职业导向的英语教学评价中，积极反馈和持续提升的评价原则占据了重要的地位。

评价过程不仅是识别学生存在问题的工具，更应该成为促进学生进步的有效手段。评价者应该提供具有建设性的反馈，强调学生的进步和提高，而不仅仅是指出他们的错误或不足。积极的反馈可以提高学生的学习动机，增强他们对成功的信心，从而推动他们更加努力学习。

并且，教学评价应是一个持续的、动态的过程，而不是一个静态的、一次性的活动。评价应随着学生的学习进展和需求的变化而调整，确保评价的实时性和针对性。此外，教学评价的目标不应仅仅是评出一个分数，而应该是发现问题、解决问题，推动教学的持续改进和学生的持续成长。

这一原则，一方面能够帮助教师更有效地了解和引导学生的学习，另一方面也能够帮助学生更好地理解自己的学习过程，积极参与自我提升，以更好地适应职业需求。

（四）实践导向原则

实践导向原则在基于职业导向的英语教学评价中占据着重要地位。这个原则强调教学评价不应仅囿于理论知识的掌握，更应将视线转向学生的实践应用能力。

首先，实践导向的评价方式着重于学生的实际操作与表现，评估的重心是他们是否能将所学知识和技能转化为实际行动。这样的评价通常采用任务或项目的形式，要求学生在实际或模拟的情境中使用英语，如模拟商务会议、客户服务、产品推广等，从而展示他们的语言运用能力和职业技能。其次，实践导向的评价强调反思和自我评价的重要性。在完成任务或项目后，学生应被鼓励反思自己的行为，分析成功和失败的原因，自我评价自己的表现，从而提升自主学习能力和元认知能力。通过实践导向的评价，教师可以更直观地了解学生的实际能力，而学生也可以通过实践，深化对知识和技能的理解，提高其运用能力，更好地适应职业需求。

总的来说，这四个原则为职业导向英语教学评价提供了基本的指导，帮助我们设计和实施有效、公正的评价，以促进学生的职业英语学习和发展。

二、改革措施

（一）确立基于职业导向的评价标准

1. 建立与职业技能相关的英语能力标准

在基于职业导向的英语教学评价中，建立与职业技能相关的英语能力标准是至关重要的一环。这个标准应以培养学生适应职业需求的能力为目标，明确具体的职业英语技能要求。

首先，应明确哪些英语技能与学生未来的职业相关联。这可能包括专业领域的词汇知识，书面和口头交流技巧，报告编写，信息理解和处理，甚至跨文化沟通能力等。这些技能需求应根据各个专业领域和职业角色的特性进行具体化。

其次，评价标准需要明确每一项技能的具体要求。例如，对于报告编写，需要指定格式，准确性，语言风格，结构等方面的标准。而对于口头交流技巧，可能要求学生能在特定情境中，如业务会议或客户沟通中，有效地使用英语。

再次，评价标准应具有动态性，能够随着职业需求的变化进行调整。例如，随着科技的发展，未来可能会对英语的科技应用技能有更高的需求。教学评价标准需要能适应这些变化，确保学生的技能仍能满足未来职场的需求。

总的来说，确立基于职业导向的评价标准，需要充分理解和考虑职业需求，以及如何通过英语教学帮助学生满足这些需求。这种评价标准的设立，可以更好地指导教学活动，与学生的职业发展目标紧密相连。

2.确立与职业发展需求相匹配的评价指标

在确立与职业发展需求相匹配的评价指标时，关键是要理解和捕捉到具体职业角色对英语能力的实际需求。这种评价指标不仅应包含语言知识和技能，还应涵盖职业技能和通用能力，如团队合作、创新思维、解决问题能力等。

首先，需要通过调查研究、对接职场、分析职业发展趋势等方式，了解和识别各种职业对英语能力的具体需求。例如，针对商务管理专业的学生，可能需要强调商务英语沟通、商务文书写作等技能；对于科技工程专业的学生，可能需要注重科技英语阅读和写作能力。

其次，这些评价指标应具有可操作性，即可以通过具体的教学活动和评价任务来实施和测量。例如，可以设计模拟商务会议、报告编写等任务，来评价学生的商务英语沟通和写作能力。

此外，评价指标还应注重学生的个性差异和发展潜力。评价不应只关注学生当前的能力水平，而应尽可能反映他们的进步和潜能。这可能需要定期的评价和反馈，以及一些自我评价和反思的机制。

总之，确立与职业发展需求相匹配的评价指标，需要深入理解职业需求，以及如何通过评价帮助学生满足这些需求。同时，这些指标应具有可操作性，能够指导具体的教学活动，同时考虑到学生的个性差异和发展潜力。

（二）多种评价形式相结合

1.应用项目评价、案例评价等职业实际评价方法

多种评价形式相结合是基于职业导向的英语教学评价的重要原则。项目评价和案例评价是两种非常有效的职业实际评价方法。

项目评价是指通过学生参与的项目或任务来评估他们的英语应用能力和职业技能。比如，学生可能被要求在一个商业计划书中使用英语，或者在一个跨文化团队项目中使用英语进行沟通。这种评价方法能够让学生在真实或模拟的工作环境中展示他们的技能，更接近职业实践，能够更全面、更深入地检验学生的实际能力。

案例评价则是通过对特定工作或生活场景的模拟和分析，考查学生运用英语解决实际问题的能力。这种方法往往需要学生在一定的情境中，运用所学英语知识，分析问题，提出解决方案。通过案例评价，学生能够在模拟的现实环境中，将理论知识和实际应用相结合，展现出解决问题的能力。

这两种评价方式都注重学生的实际操作和应用能力，通过模拟真实的工作环境和任务，能够更有效地评估学生的职业技能和语言应用能力。

2.结合标准化考试和实际操作能力的评价方式

标准化考试和实际操作能力的评价方式的结合可以为评估学生的职业导向英语教学提供全面的视角。这种结合方式同时强调理论知识的掌握和实践能力的提升。

标准化考试，如托福、雅思等，是评价学生英语基础知识和技能的有效手段，包括听、说、读、写四项基本技能。这些考试的结果可以反映学生对英语语言基本运用的掌握程度，但不足以全面评估学生的实际操作能力和职业技能。

实际操作能力的评价方式则关注学生在实际工作或生活情境中的应用技能。比如，学生能否准确、有效地在商务会议中使用英语，或者他们能否通过英语撰写出高质量的商务报告等。这类评价方式更侧重于学生在实践中的表现，可以更好地反映学生的职业技能和工作适应能力。

因此，结合标准化考试和实际操作能力的评价方式可以更全面地反映学生的英语学习成果，帮助教师准确地理解学生的强项和弱点，从而进行有针对性的教学改进和辅导。

（三）多元化的评价机制

1.知识体系和职业能力相结合

知识体系和职业能力相结合的评价机制强调，评价不仅要关注学生对英语知识的掌握情况，也要关注他们是否具备使用这些知识进行职业活动的能力。这种评价机制的主要目标是培养学生的应用能力和创新能力，因此，评价内容包括了基础知识掌握程度、实际操作技能、问题解决能力、创新思维等多个方面。具体操作时，可以设计不同的评价任务，如知识测试、实际操作演练、项目设计等，以全面评估学生的各项能力。

2.学校、企业评价相结合

学校、企业评价相结合的机制强调，评价应是学校和企业共同参与的过程。学校负责评价学生的理论知识和基本技能，企业则从实际需求出发，评价学生的职业技能和职业素养。这种评价机制可以有效地连接学校教学和社会需求，帮助学生更好地理解并适应职业要求，同时也可以为企业提供有价值的人才培养信息，提高教育的社会效益。

3.自我评价、同伴评价和教师评价多元化评价体系

自我评价、同伴评价和教师评价多元化评价体系是将评价的主体多元化，以

提高评价的全面性和公正性。自我评价可以帮助学生了解自己的优点和不足，增强自我调整和提升的能力；同伴评价可以通过同学们的互动学习，提升团队合作和沟通技巧，同时也可以相互学习、相互促进；教师评价则是对学生学习成果的专业评价，可以从专业角度发现学生的问题，指导学生的学习。这三者相结合，形成了一个多角度、多层次的评价体系，有助于全面准确地评价学生的学习情况。

（四）持续的评价反馈和改进机制

1.建立有效的评价反馈机制

建立有效的评价反馈机制的目的是让学生及时了解自己在学习过程中的进步与不足，从而能够自主调整学习策略，提升学习效率。有效的反馈应该是及时的、具体的、积极的，并关注到学习过程和结果两个方面。例如，教师可以在学生完成任务或项目后立即给予反馈，指出学生在任务完成中表现出的优点和需要改进的地方；可以定期进行学习辅导，帮助学生理解自己的学习状况，并提供改进建议；也可以使用在线教学平台，为学生提供实时的学习反馈和资源支持。

2.长期跟踪学生的职业发展，对评价标准进行动态调整

长期跟踪学生的职业发展，对评价标准进行动态调整的目的是保证评价的实时性和准确性。因为社会和职业需求是不断变化的，教学评价也需要随之进行调整。学校可以通过职业发展研究、企业合作等方式了解毕业生的职业发展情况和当前的职业需求，然后根据这些信息对英语教学的内容、方法和评价标准进行调整。同时，也可以定期对教学评价进行评估和修订，确保其科学性和有效性。

三、实施的建议

（一）改革需要得到学校领导和教师的支持，形成全校上下的改革氛围

在实施基于职业导向的英语教学评价改革时，学校领导和教师的支持至关重要。首先，学校领导的支持可以为改革提供必要的资源和政策保障，使改革能够顺利进行。例如，学校可以在财务、人力和时间上给予教师足够的支持，为教师提供进行职业导向教学和评价的条件。

其次，教师的支持则直接决定了改革在实际教学中的落地效果。教师是教学活动的主要执行者，他们对改革的认可和积极参与是改革能否成功的关键。因此，学校应该积极引导和培训教师，让他们理解和掌握基于职业导向的教学和评价方法，使他们能够在日常教学中实践和推广这一改革理念。

最后，形成全校上下的改革氛围也是保证改革顺利进行的重要因素。这意味着改革不仅是学校领导和教师的事，也需要学生和家长的理解和配合。学校可以通过举办家长会、学生座谈会等方式，宣传改革的目标和方法，增强所有利益相关者对改革的理解和信任，形成全校上下共同推进改革的良好氛围。

（二）提供必要的师资培训，提升教师对于职业导向教学评价的理解和能力

实施基于职业导向的英语教学评价改革，教师的理解和能力至关重要。以下是一些建议，以提升教师对于职业导向教学评价的理解和能力。

学校可以组织专业培训课程，邀请教育专家和有经验的职业导向教学教师，对教师进行系统的培训。培训内容应包括职业导向教学的理念、教学设计、评价方法等方面，帮助教师全面了解职业导向教学的核心要点。学校可以安排一些教师进行职业导向教学的示范课程。这样的示范课程可以让其他教师亲身体验职业导向教学的实际应用效果，从而更好地理解和掌握这种教学方法。另外，组织教学案例研讨活动，让教师分享自己在职业导向教学中的实践经验和教学成果。这样的研讨活动有助于教师之间相互学习和借鉴，共同探讨职业导向教学评价的有效方式。学校还可以提供教师所需的教学资源支持，包括职业导向教学教材、案例研究资料、实践活动等。这样的支持可以帮助教师更好地准备教学内容和评价任务。

此外，学校应该鼓励教师在职业导向教学中进行创新尝试。鼓励教师尝试新的教学方法和评价方式，鼓励他们在教学中积极探索，不断总结经验，形成个性化的教学风格。

（三）与企业、行业等社会组织密切合作，优化教学评价方式

研究表明，基于职业导向的英语教学评价是提高学生就业竞争力和适应职场需求的有效方法。为了实施这一改革，与企业、行业等社会组织的密切合作至关重要，其主要目的是优化教学评价方式，确保教学与职业需求紧密结合，从而更好地满足学生的实际职业需求。

首先，学校与企业、行业合作可以开展职业需求调研。通过与社会组织的密切合作，学校可以了解当前职场对英语能力的具体要求，获得最新的职业导向信息，并将这些信息纳入到教学评价标准中。

其次，与社会组织合作，学校可以制定符合实际的评价标准。这些评价标准应涵盖语言能力、交际能力、实践能力等方面，确保学生在职业领域具备实际应用能力，而不仅仅停留在学术知识层面。

第三，开展实习和实践活动是另一个重要方面。学校与企业、行业合作，为学生提供实习和实践机会，让他们在真实的工作环境中锻炼英语应用能力。这样的实践活动可以为教师提供更直观的评价依据，并帮助学生更好地理解职业导向教学的实际应用价值。

第四，学校可以邀请企业、行业专家参与对学生的评价。专业的行业专家了解职场需求，他们可以为学生提供更专业的评价意见，帮助学校更好地优化教学评价方式。

最后，建立评价反馈机制也非常重要。与企业、行业合作建立评价反馈机制，学校可以定期收集学生在实践中的表现和业绩。通过反馈机制，学校可以不断改进教学评价方式，使之更贴近实际职场需求，更有针对性地提升学生的职业能力。

（四）注意评价结果的公开透明，让学生了解自己的位置和提升方向

在实施基于职业导向的英语教学评价改革中，注意评价结果的公开透明对学生的职业发展和提升方向至关重要。

首先，学校应建立一个公开透明的评价结果反馈机制。在评价完成后，学校可以及时向学生提供评价结果，并确保评价结果的准确性和客观性。学生可以通过个人账户或平台查询自己的评价结果，了解自己在各项能力上的表现。

其次，评价结果应以简洁明了的方式展示，避免使用复杂的专业术语，使学生能够直观地理解自己的位置和优势。评价结果可以分为不同维度，比如语言能力、职业技能、交际能力等，让学生了解自己在各个方面的水平。

同时，学校可以举办评价结果解读会或个别谈话，由教师向学生详细解释评价结果，帮助学生全面理解自己的优势和不足。教师可以根据评价结果为学生提供个性化的学习和职业规划建议，指导他们在未来的学习和职业发展中有针对性地提升自己的能力。

此外，评价结果也可以作为学生与家长、学校和企业等各方沟通的重要依据。学校可以组织家长会或座谈会，向家长介绍学生的评价结果，并与家长一起讨论学生的发展方向和改进计划。与企业和行业的合作也可以根据学生的评价结果，提供更符合实际需求的实习和职业机会。

最后，学校应鼓励学生对评价结果进行反思和自我评估。学生可以通过对自己的评价结果进行反思，发现自己的潜在优势和发展方向。学校可以开设专门的自我评估课程或辅导活动，帮助学生更深入地认识自己，为个人的职业规划和发展做好准备。

第七章 基于职业导向的高校英语教师角色转变

第一节 现代高校英语教师的角色演变

随着社会的快速发展和职业需求的不断变化，高校英语教师的角色也正在发生着深刻的演变。过去，高校英语教师主要以传授语言知识和技能为主，而现在，他们不仅需要具备扎实的教学知识，还要担负起培养学生综合素质和职业能力的责任。本节将探讨现代高校英语教师的角色演变过程，并探讨在职业导向下，他们所面临的挑战和应对之道。

一、现代教师的角色定位

（一）传统教师的角色

1.知识的传授者

在传统教育模式中，教师被视为知识的权威和信息的传播者。教师通常拥有全面且深入的学科知识，并将这些知识以一种结构化、系统化的方式传授给学生。他们负责组织和展示课程内容，包括讲解理论、演示技术和分享经验。在这种角色下，教师主导教学过程，而学生则主要是知识的接受者。

2.学习的指导者

教师不仅是知识的传递者，更是学习的引领者和启发者。他们设计学习计划和教学策略，鼓励和激发学生的学习兴趣和积极性，引导学生自主学习和探索。教师还需对学生的学习进度进行跟踪和评估，为学生提供反馈，并针对学生的个别差异进行个性化教学。

3.学生行为的管理者

作为课堂的管理者，教师要负责维持课堂秩序，营造一个有利于学习的环境。他们需要制定并执行课堂规则，对学生的行为进行引导和纠正。同时，教师还需要关注学生的心理和情绪状态，尽力确保每个学生在学习中的身心健康。

4.学习成绩的评估者

教师需要定期评估学生的学习成绩，了解他们对所学知识的理解程度。这不仅包括传统的考试和测验，还包括对学生参与课堂讨论、完成作业和项目等多元化学习活动的评价。此外，教师还需要为学生提供反馈，帮助他们了解自己的优点和不足，指导他们制定和调整学习计划，以促进他们的学习进步。

（二）现代教师的角色转变

随着教育改革的不断深入和教育技术的发展，现代的教师角色已经有了很大的转变。

1.从知识的传授者到知识的引导者

在信息化社会中，知识和信息已经变得极为丰富和易得。因此，教师的角色已经从简单的知识传递者转变为学习的设计者和引导者。他们的主要任务是激发学生的好奇心和探究精神，引导学生学会如何学习，帮助学生发现和解决问题，而不仅仅是传授知识。

2.从学习的指导者到学习者的伙伴

现代教师不再是课堂的唯一指导者，而是与学生一起探索知识的伙伴。他们与学生建立对话和合作的关系，尊重学生的主体地位，共同参与学习过程。教师的主要职责不再是教会学生什么，而是帮助学生学会如何学习，如何主动探索和发现。

3.从学生行为的管理者到学生发展的导师

在现代教育观念中，学生的全面发展被赋予了更大的重视。教师的角色已经从简单的行为管理者转变为学生发展的指导者和导师。他们关注学生的情感、心理、社会和道德发展，帮助学生建立积极的学习态度和生活习惯，培养他们的批判性思维和创新能力。

4.从学习成绩的评估者到学习进步的反馈者

现代教师已经认识到，评价不应该仅仅依赖于考试成绩，而应该更多地关注学生的学习进步和成长过程。因此，教师的角色已经从简单的成绩评估者转变为学习进步的反馈者。他们提供的反馈不仅仅是对正确和错误的判断，而且是对学习策略和方法的指导，帮助学生反思和改进自己的学习过程。

二、教师角色转变的原因分析

（一）教育理念的更新

随着教育理念的不断更新和发展，现代教育已经逐渐摒弃了传统的以教师为中心的教学模式，转向了以学生为中心的教学理念。教育的目标已经从简单的知识传递和信息获取转变为培养学生全面发展和终身学习的能力。现代教育更加注重培养学生的创新思维、批判性思考、团队合作和解决问题的能力，以应对日益复杂和多变的社会环境。

在这样的教育理念下，教师的角色也发生了重要的转变。他们不再仅仅是知识的传授者，而是更像学习的设计者和引导者。教师需要根据学生的需求和兴趣，设计更具吸引力的教学活动，创造积极、开放和互动的学习氛围。他们应该鼓励学生积极参与讨论和思考，尊重学生的想法和观点，引导学生主动探索知识，培养他们的自主学习能力。

此外，现代教师还应注重培养学生的团队合作精神。在现实社会中，很少有任务是个体完成的，大多数工作都需要团队协作。因此，教师应该设计一些合作项目，让学生在团队中共同完成任务，培养他们的团队协作能力和沟通技巧。

现代教师还应鼓励学生发展自己的创新思维和批判性思考能力。他们应该鼓励学生提出自己的观点和想法，并学会对问题进行深入思考和分析。通过这样的培养，学生将更加独立思考，不再仅仅接受别人的观点，而是能够形成自己的见解并勇于表达。

（二）科技进步对教学方式的影响

科技的快速进步对教学方式产生了深远的影响，尤其是信息技术的应用。现代教师不再局限于传统的教室教学，而是可以充分利用各种科技手段来丰富教学内容和提升教学效果。

首先，科技的应用使得教学方式更加多样化和灵活化。教师可以通过网络平台、在线教学工具和多媒体资源，为学生提供丰富多样的学习材料和教学资源。学生可以在任何时间、任何地点通过电脑、平板或手机进行学习，实现了教学的时空解构，提高了学习的灵活性和便利性。

其次，科技进步推动了教学个性化的发展。教师可以通过学习管理系统（LMS）等技术工具，了解每个学生的学习情况和学习进度。基于学生的个性化需求和学习能力，教师可以针对不同学生采用不同的教学策略和方法，提供更加个性化的学习体验，帮助每个学生充分发挥潜力。

第三，科技的应用促进了教学的互动性和参与性。教师可以利用在线讨论平台、虚拟实验室等工具，鼓励学生参与到教学中来，增强学生的主动学习意识和参与度。通过在线互动，学生可以与教师和同学进行实时的交流和讨论，促进知识的共享和共建，增强学习的深度和广度。

此外，科技的应用还拓展了教师的教学方法和手段。教师可以通过视频教学、虚拟实验、在线模拟等方式，为学生提供更加生动、形象的教学内容，激发学生的学习兴趣和好奇心。科技的引入还可以帮助教师更好地展示复杂的概念和过程，提高教学效果和效率。

（三）学生需求和社会期待的变化

随着社会的发展和变化，教育和人才的需求也在不断演变。传统的教育目标主要侧重于学生的知识掌握和记忆，而现代社会对人才的要求已经超出了仅有知识的层面。社会对于人才的期待不仅包括掌握丰富的学科知识，更需要学生具备全面发展和多元智能，能够灵活应对复杂多变的挑战。

现代社会对人才的需求越来越强调创新精神和创造能力。随着科技进步和经济全球化的加速，社会面临着越来越多的复杂问题和挑战。因此，学生需要具备创新思维和解决问题的能力，能够主动提出新观点和解决方案，为社会的发展带来新的动力和活力。

社会对学生的批判性思考能力和自主学习能力的需求日益增长。现代社会信息爆炸，知识更新迅速，传统的知识授课模式已经无法满足学生终身学习的需求。因此，学生需要具备批判性思维和自主学习能力，能够主动去寻找和筛选信息，不断学习和更新自己的知识体系。

团队合作和沟通能力成为现代社会对人才的重要要求。在全球化时代，团队合作已经成为解决复杂问题和推动创新的重要方式。学生需要具备良好的合作意识和团队协作能力，能够有效地与他人合作，共同完成任务和项目。

随着社会的不断发展，学生的需求也在发生变化。传统的教学方式过于注重教师的灌输和学生的被动接受，学生渴望在学习中拥有更多的自主权和主动性。现代学生更加关注实践和体验，希望通过亲身参与和实践来深入学习和理解知识。

因此，教师的角色需要随之转变。教师不再是传统的知识传授者，而是学习的设计者和引导者。教师应该关注学生的兴趣和需求，积极探索多样化的教学方法和策略，为学生提供丰富多彩的学习体验。同时，教师还应该激发学生的学习兴趣和动力，培养他们的创新意识和批判性思维，引导他们主动参与学习，成为自主学习的主体。

三、现代教师角色转变面临的挑战与对策

（一）教学方法的更新与转变

在现代社会中，教师的角色转变呈现出前所未有的复杂性和多元性，特别是教学方法的更新和转变，为教师提出了全新的挑战。

过去教师主要是知识的传授者，但在当前信息爆炸的时代，学生可以通过各种渠道获得信息和知识，教师的角色必须转变为引导者和辅导者。教师需要不断地引导学生，帮助他们在海量的信息中找到真正有价值的知识，引领他们学会独立思考和自主学习。这种角色转变需要教师具备较强的沟通、协调和引导能力，同时，还需要他们有足够的热情和专业素质。

现代教育方法对教师的教育技术应用能力也提出了更高的要求。在线教学、多媒体教学等新型教学方式的广泛应用，使得教师不仅要掌握传统的教学方法，还需要熟悉和利用各种教育技术进行教学。这无疑增加了教师的工作难度和挑战性。

现代教育强调创新和探索。教师需要具备创新思维，能够设计和实施各种创新的教学方法，以激发学生的创新精神和实践能力。然而，许多教师可能缺乏创新思维和实践经验，这也是教师角色转变所面临的一个挑战。

面对这些挑战，教师和学校需要积极应对。首先，教师需要定期接受教育技术的培训，提高自身的技术应用能力。同时，教师还需要努力提升自己的教育热情和专业素质，以适应学生中心的教学模式。此外，学校也需要为教师提供充足的资源和支持，帮助教师实现角色转变，如提供技术培训和支持，营造鼓励创新的教育环境等。

（二）科技工具的应用与整合

科技工具的应用与整合是现代教育中的重要环节，特别是在教学方法的改革和优化中，科技工具的角色越来越不可或缺。然而，这也对教师提出了一系列新的挑战。

教师在应用和整合科技工具时，首先需要掌握相应的技术知识和技能。无论是在线教学平台、数字化资源，还是人工智能辅助教学，都要求教师有足够的技术素养。然而，很多教师可能没有足够的时间和资源去学习和掌握这些新技术，这无疑对他们构成了一种压力。

另一个挑战在于如何有效地将科技工具融入教学。教师需要理解和掌握如何运用科技工具来提升教学效果，如何通过科技工具来激发学生的学习兴趣，以及如何评估科技工具在教学中的效用。这要求教师有良好的教育理念和教学策略。

同时，教师还需要面对科技工具在教学中的合理配置和管理问题。例如，如何在教学中平衡科技工具的使用，避免过度依赖科技而忽视学生的实际需求和发展，如何保证科技工具的正常运行和维护等。

针对这些挑战，首先教育主管部门和学校应该提供更多的技术培训和支持，帮助教师提升科技素养，掌握新的教育技术。其次，教师自身也需要积极地学习和尝试，理解并掌握如何将科技工具有效地融入教学中。此外，学校也需要建立科技工具的管理和维护机制，保证科技工具在教学中的有效使用。

（三）与企业合作的协同发展

在现代社会中，教育与企业的协同发展是一种趋势，也是一种必要。通过与企业的紧密合作，教育可以更好地对接社会，提升学生的就业能力，为社会和企业培养更多的人才。然而，教师在与企业合作的过程中，也会面临一些挑战。

首先，教师需要理解和掌握企业的需求，以便能够提供符合企业需求的教学内容和方式。这需要教师具备一定的行业知识和理解，以及与企业沟通的能力。然而，对于一些传统的教师来说，他们可能更习惯于在教室里进行教学，缺乏与企业接触和沟通的经验。

其次，教师需要协调教学与企业需求之间的关系，既要满足教学计划和学生的学习需求，又要考虑到企业的实际需求。这就需要教师具备高度的组织协调能力和教学策略。

此外，教师还需要面对如何将企业合作的成果反馈到教学中的问题。例如，如何将企业的实际案例和经验融入教学中，如何利用企业资源提升学生的实践能力等。

面对这些挑战，我们需要采取一些对策。例如，学校和教育主管部门可以提供更多的企业合作培训和支持，帮助教师提升与企业合作的能力；教师自身也需要积极地学习和了解企业和行业的知识，提升自己的教学实效性；学校和企业可以建立长期的合作机制，共同为教学提供资源和支持。

（四）教师自身专业素养的提升

在教师角色转变的过程中，教师自身专业素养的提升无疑是一个重要的环节。教师的专业素养不仅决定了他们在教学中的专业能力，也影响着他们的教学效果和学生的学习质量。

随着教育理念和教学方法的不断更新，教师需要持续学习，更新和提升自己的专业知识。例如，学习和掌握新的教育理念，了解并应用新的教学方法和技术等。这种持续学习对于很多教师来说可能是一个挑战，因为他们需要在繁重的教学工作之外，投入额外的时间和精力。

教师需要提升自己的教学技能，如课程设计能力、教学策略应用能力、教学评估能力等。这些教学技能对于提升教学效果和学生学习体验非常重要。此外，教师还需要具备良好的职业道德和教育情操，为学生树立好的榜样，影响和激励学生的学习和发展。这需要教师具备一定的自我要求和自我修养。

教育主管部门和学校可以提供更多的专业发展机会和资源，如定期的教师培训、教育研讨会等，帮助教师提升专业素养。教师自身也需要有持续学习的意识，积极参与各种专业发展活动。此外，学校和教育主管部门还需要建立有效的评价机制，激励教师提升专业素养。

第二节　基于职业导向的教学理念对教师角色的影响

在 21 世纪的教育环境中，职业导向的教学理念正在日益得到重视。这种理念强调教育应服务于学生的职业发展，帮助学生在获得专业知识和技能的同时，更好地理解和规划自己的职业生涯。然而，这种转变对于教师的角色提出了新的挑战和要求。他们不再仅仅是知识的传授者，更需要成为学生职业生涯的指导者和伙伴。因此，探讨职业导向的教学理念对教师角色的影响，以及如何应对这种角色转变，对于我们理解和优化高校英语教学有着重要的意义。

一、职业导向教学理念对高校英语教师角色的影响

（一）教师角色的转变：从语言知识传授者到职业技能指导者

职业导向的教学理念注重将教育与实际职业需求结合，这一理念的引入无疑对高校英语教师角色产生了深远的影响。

1.教学职责的转变

在传统的高校英语教学中，教师主要专注于教授基本的语言知识，例如语法规则、词汇量、听说读写技能等。这种教学方法着重于学生对英语语言的掌握，

以便在一般的日常生活和学习中进行基本的沟通和交流。然而，随着社会的发展和全球化的加深，仅仅掌握基本语言技能已经不再足够。职业导向的教学理念应运而生，强调将教育与实际职业需求结合，让学生能够在未来的职业生涯中有效地运用英语。在职业导向的教学理念下，高校英语教师的教学职责发生了显著的转变，主要体现在以下方面：

（1）强调职业相关内容

教师需要将职业相关的内容融入课堂教学。比如，商务英语在商业领域中的应用、科技英语在科学技术领域中的应用等。教师不仅仅教授语言知识，还需要向学生介绍特定行业的专业术语、惯用语、表达方式等，使学生能够更好地应对在职场上的语言需求。

（2）实践能力培养

职业导向的教学强调学生在职场上的实际应用能力。因此，教师应鼓励学生在课堂上进行实际工作场景的模拟，例如商务谈判、跨文化交流、项目演示等。这些实践活动有助于学生在模拟情境中锻炼自己的语言技能，并了解如何在真实职业场景中进行沟通和交流。

（3）跨学科合作

为了更好地实现职业导向的教学目标，教师可以与其他专业的教师合作，开设跨学科课程。例如，与商学院的教师合作开设商务英语课程，与工程学院的教师合作开设科技英语课程。这样的合作可以帮助学生在特定领域内获得更深入的专业知识，进而更好地将英语技能应用于实际工作中。

（4）就业指导

在职业导向的教学中，教师也应该充当就业指导的角色。他们可以提供就业市场的信息，帮助学生了解不同行业对英语能力的要求，指导学生制定职业规划，并提供相关的英语求职技巧和面试技巧，以帮助学生更顺利地进入职场。

2.职业定位的转变

在职业导向的教学理念下，教师的职业定位发生了显著的转变。传统的教学中，教师主要关注教授学科知识和技能，但在职业导向教学中，教师需要成为学生职业发展的积极推动者和导航者。以下是职业定位转变的主要方面：

（1）了解不同行业的职业需求

教师需要积极了解不同行业和领域的职业需求，以了解学生在未来的职业中需要哪些英语技能。他们可以通过与企业、行业协会和专业人士合作，获取最新的行业动态和就业趋势信息。通过了解就业市场的要求，教师可以更好地引导学生学习与职业相关的英语内容。

（2）引导职业规划和导向

教师在课堂中可以引导学生进行职业规划，帮助他们厘清自己的职业目标和职业发展路径。教师可以与学生进行交流，了解学生的兴趣、优势和职业愿景，并根据这些信息提供相应的建议和指导，帮助学生制定合理的职业规划。

（3）教学内容的调整

职业导向的教学要求教师将教学内容与职业需求相结合。教师需要选择与学生未来职业相关的教材和案例，让学生在课堂上接触真实的职业情境，了解职场中英语的应用。这样的教学内容可以激发学生的学习兴趣，增强学习动力，帮助他们更加主动地学习英语知识和技能。

（4）实践机会的提供

教师可以通过与企业合作，为学生提供实践机会。这可以包括实习、项目合作、参观工厂或企业等。通过实践，学生可以更加深入地了解职业现实，将学习到的英语知识运用到实际工作中，提升职业竞争力。

（5）职业网络的搭建

教师可以帮助学生建立职业网络，引导他们参加行业展会、专业研讨会、职业交流活动等。通过拓展职业人脉，学生可以更好地了解行业动态，获取就业机会，并在职业发展中得到支持和帮助。

3. 教学方法的转变

在职业导向的教学理念下，教师角色的转变也体现在他们的教学方法上。传统的教学方法可能更加注重知识的传授，但职业导向的教学要求教师采用更加实用和实践的教学方法，以更好地满足学生未来职业发展的需求。以下是一些在职业导向的教学中常用的教学方法：

案例教学：教师可以使用实际发生的案例，将学生置于真实的职业情境中，让他们在解决实际问题的过程中学习和运用英语。通过分析案例，学生可以学习到在不同职业场景下如何运用专业英语表达观点、解决问题和进行沟通。

项目驱动学习：教师可以设计与职业相关的项目，让学生在合作中学习英语技能。例如，让学生团队合作完成商务计划书、科技产品说明书或其他职业项目，这样学生将在实践中提高英语写作和沟通技巧，并学习团队合作和项目管理的能力。

模拟实习：通过模拟实习，教师可以让学生在虚拟的职场环境中进行实践。例如，在模拟商务谈判中，学生可以扮演各种职业角色，练习商务英语的运用和谈判技巧。这样的实践可以提高学生在真实职业场景中应对不同情况的能力。

角色扮演和情景模拟：通过角色扮演和情景模拟，教师可以帮助学生在课堂上进行实际职业场景的模拟，让他们在安全的环境中练习英语表达和沟通技巧。这种实践可以帮助学生更加自信地运用英语，减少在实际职场中的语言障碍。

教学技术的运用：在职业导向的教学中，教师可以运用各种教学技术和工具，如多媒体教学、在线资源、虚拟实境等，以提高教学的实效性和趣味性。利用现代技术，教师可以为学生提供更多实际职业场景的资料和案例，拓宽学生的职业视野。

（二）教师的专业素养需求：英语教学能力、行业知识与职业指导能力

在职业导向的教学理念下，高校英语教师需要具备一定的专业素养，包括英语教学能力、行业知识和职业指导能力。这些素养将有助于教师更好地适应职业导向教学的要求，并有效地引导学生在未来职业生涯中运用英语。

1.英语教学能力

（1）教师应该具备扎实的英语语言知识和技能，包括语法、词汇、听说读写等方面，以确保他们能够向学生传授正确和规范的英语知识。

（2）教师需要掌握多样化的教学方法和策略，以满足不同学生的学习需求。在职业导向的教学中，采用实践性强的教学方法，如案例教学、角色扮演、模拟实习等，可以更好地培养学生的职业技能。

（3）教师应具备良好的沟通和引导能力，能够与学生建立良好的师生关系，积极鼓励学生参与实践活动，激发他们学习英语的兴趣和动力。

2.行业知识

（1）为了能够将教学与实际职业需求相结合，教师需要了解不同行业和领域对英语能力的具体要求。他们应该熟悉商务英语、科技英语等特定领域的专业术语和表达方式，以便为学生提供与职业相关的英语教学内容。

（2）教师需要积极了解行业的最新发展动态，与相关企业、行业协会建立联系，了解当前职业市场的就业情况和需求，以便为学生提供更准确的职业指导。

3.职业指导能力

（1）教师应该了解不同职业领域的职业发展路径和职业技能要求，以帮助学生制定合理的职业规划。

（2）教师需要具备辅导学生的能力，能够引导他们了解自己的兴趣和优势，以便选择适合自己的职业方向。

（3）教师应该熟悉就业市场和招聘流程，能够向学生提供有关求职技巧、简

历撰写和面试准备等方面的指导。

（三）教师与企业的协同作用：促进学校与企业的紧密合作

在职业导向的教学理念下，教师与企业的协同作用变得尤为重要。这种协同作用不仅有利于优化教学内容，以更好地满足实际职业需求，同时也能够提高学生的职业竞争力。

首先，教师可以与企业进行深度合作，了解行业最新的职业需求，从而调整和优化教学内容。例如，企业可以提供最新的业务需求和工作场景，教师可以根据这些信息设计更实际、更贴近职业生活的课程和教学活动。这不仅可以帮助学生提前适应未来的职场环境，同时也有利于他们的职业技能提升。

其次，企业可以提供实习和实践机会，教师则需要扮演连接学生和企业的桥梁角色。教师可以根据学生的学习情况和职业兴趣，为他们推荐合适的实习机会，同时也可以根据实习过程中的反馈，调整和优化教学方案。

此外，教师还可以邀请企业的专家和人员进入课堂，进行客座讲座或研讨会，为学生提供更真实、更丰富的行业视角和职业知识。这样的合作不仅能够丰富教学内容，也能增加学生的学习兴趣和参与度。

在这个过程中，教师需要具备良好的沟通协调能力，能够理解并整合学校教育和企业需求，为学生构建一个更有效的职业学习平台。同时，教师也需要对行业动态有深入的了解，以便能够为学生提供准确和实用的职业指导。

总的来说，教师与企业的协同作用对于实现职业导向的教学理念至关重要，教师在这个过程中既是知识的传播者，也是连接学生和企业的重要桥梁。

二、应对高校英语教师角色转变的策略与建议

（一）高校英语教师的自我提升与专业发展

教师专业化发展是指教师在职业生涯中通过不断学习、研究和实践，提升自身的教学能力、知识水平、教育技能以及专业素养的过程。它涵盖了多个方面，旨在使教师能够胜任并超越教学职责，为学生的学习和发展提供更好的支持和指导。以下是一些关键方面，可帮助高校英语教师进行自我提升和专业发展。

1.深化教学理念和方法

教师应不断学习和了解最新的教学理念和方法，包括职业导向的教学模式。了解这些新的教学趋势有助于教师更好地调整教学策略，更有效地培养学生在职场中所需的英语技能。

2.学习行业知识

了解各行各业的职业需求，包括商务、科技、医疗、工程等领域的专业术语和实际应用。这样的知识储备使教师能够将教学内容与实际职业场景相结合，为学生提供更贴近实际的教育。

3.提升科技应用能力

教师可以学习和应用现代科技工具来提升教学效率和吸引力。例如，利用多媒体教学、在线教学平台、虚拟实境等，让学生在更多样化的教学环境中学习和实践。

4.参加教育培训和学术研讨会

参加教育培训和学术研讨会是持续专业发展的重要途径。这些活动提供了与其他教师交流、分享教学经验和最新研究成果的机会，帮助教师拓宽视野和提高教学水平。

5.积极参与研究和发表成果

教师可以参与教育研究，探索职业导向教学的最佳实践，并将研究成果应用于教学实践中。同时，教师可以通过发表论文和文章，与教育界分享自己的研究成果和教学经验。

6.与企业合作和交流

教师可以主动与企业建立联系，了解企业对英语教育的需求和期望。与企业合作，将实际职业需求融入教学，有助于培养学生更符合职业要求的英语技能。

7.反思和改进教学

教师需要不断进行教学反思，审视自己的教学效果，并根据学生的反馈和教学效果进行改进。持续地改进教学方法和策略，以满足学生的学习需求，是教师自我提升的重要方式。①

通过持续的自我提升和专业发展，高校英语教师可以成为职业导向教学的专家，更好地满足学生的职业需求，促进学校与企业的紧密合作，为学生的职业发展奠定坚实的基础。

（二）高校和政策层面的支持

1.高校支持教师发展和提升

（1）专业培训和进修学习

高校可以定期组织专业培训和进修学习，为教师提供学科知识、教学方法和教育技术方面的培训机会。这些培训可以帮助教师跟上教育领域的发展动态，提

① 谢职安.高校英语教师专业发展研究[M].北京：知识产权出版社，2014：58-104.

高教学能力和水平。

（2）学术交流和合作

高校可以鼓励教师参与学术交流和合作，与国内外优秀教育机构和教师进行合作研究和互访交流。这样的交流和合作有助于拓宽教师的学术视野，吸收先进教育理念，提高教学水平。

（3）教学资源支持

高校应该为教师提供丰富的教学资源，包括教学设备、图书馆资源、教材和教辅资料等。充足的教学资源可以帮助教师更好地开展教学工作。

2.政策层面支持教师发展和基于职业导向的教学

（1）创新教学政策

政策制定者应该鼓励和支持高校探索和实验创新的教学方法。鼓励教师采用职业导向的教学理念，并提供相应的政策支持，如评价体系的调整和奖励机制的建立。

（2）基于职业导向的教学项目

政府可以支持高校开展职业导向的教学项目，鼓励学校与企业合作，将实际职业需求融入教学内容。政府可以提供项目资助和奖励，推动职业导向教学的发展。

（3）教育创新资金投入

政府应该加大对教育创新的资金投入，支持高校开展教学改革和专业发展计划。这样的资金支持可以为教师提供更多的发展机会和资源。

（4）职业发展政策

政府可以制定有利于教师职业发展的政策，如提供职业晋升通道、设立职业发展岗位等。这样的政策可以激励教师不断提升自身素质，为学生提供更优质的教育服务。

通过高校和政策层面的积极支持，教师专业化发展和职业导向教学理念可以得到更好地实施和推广，促进教育质量的提升，培养更适应职场需求的人才。

（三）企业的积极参与

企业的积极参与可以在以下几个方面帮助高校英语教师实现基于职业导向的教学角色转变：

首先，企业可以提供相关的职业培训机会给教师。这些培训可以帮助教师了解最新的行业动态，熟悉具体的职业技能，以便他们可以把这些信息和知识反馈到教学中。同时，这也能够帮助教师更好地理解学生未来的职业需求，以便他们可以提供更具针对性的教学。

其次，企业可以提供咨询和指导服务。例如，企业的专家可以担任客座教师，为学生和教师提供职业讲座，分享他们的经验和见解。这不仅可以丰富教师的教学内容，也可以帮助教师更准确地理解行业需求，从而更好地引导学生。

此外，企业还可以与高校进行项目合作，为教师提供真实的职业场景和问题。这些项目可以作为教师的教学案例，使他们的教学更加接地气，更加贴近实际。同时，这种合作也可以帮助教师提升他们的项目管理和团队协作能力，这是他们在基于职业导向的教学中不可或缺的技能。

第三节　教师角色转变的具体策略与实践路径

在基于职业导向的英语教学中，教师的角色也发生了重大的变化，他们不再只是知识的传授者，而更多的是学生职业技能发展的指导者和辅导者。然而，教师角色的转变并不是一蹴而就的过程，而是需要一系列的策略和实践。因此，本节将探讨在基于职业导向的高校英语教学中，教师角色转变的具体策略与实践路径。

一、教师角色转变的自我认知策略

（一）教师要认识到自身角色的重要性和复杂性

在基于职业导向的教学背景下，教师角色的重要性和复杂性被进一步强化。过去，教师可能主要被视为知识的传播者，而现在，他们的角色已经超越了这个范畴。教师在学生职业发展中的作用越来越大，他们被期望在培养学生的专业技能、提供职业咨询、引导学生进行职业规划等方面发挥作用。

一方面，教师需要在课堂上教授专业知识，帮助学生理解并掌握其将来职业所需的知识和技能。这需要教师具备深厚的专业知识，以及将复杂的专业知识以易于理解的方式传授给学生的能力。另一方面，教师还需要引导学生将所学的知识应用于实践。他们可能需要设计和指导实践活动，提供实践场所，或者与企业合作，为学生提供实习机会。在这个过程中，教师需要具备实践指导能力，以及与企业沟通合作的能力。

此外，教师还需要帮助学生适应职场环境，培养他们的职业素养。这可能包括教授职业道德，引导学生了解职业文化，帮助他们建立职业发展的视野和规划等。在这个过程中，教师需要具备一定的职业咨询能力，以及理解和尊重学生职业发展需求的能力。

（二）教师要理解自身在学生职业发展中的作用

高校英语教师在学生的职业发展中起着关键的作用。只有理解并接纳自己的这一角色，才能积极参与并推动学生的职业发展。

1. 认识到自己的影响力

教师需要理解，他们的言行不仅影响着学生的学习，也影响着学生的职业观和价值观。作为榜样和导师，他们可以通过提供正面的职业观和价值观，激发学生的职业潜能。

2. 理解教师在职业导向教育中的独特位置

在职业导向的教学模式中，教师是学生与行业之间的重要桥梁。他们不仅需要将行业知识传授给学生，还需要帮助学生理解和适应行业环境。这就需要教师有足够的行业知识和经验，以便为学生提供有效的职业指导。

3. 积极参与学生的职业发展过程

教师需要理解，他们不仅是教学过程的参与者，也是学生职业发展过程的重要推动者。他们可以通过指导学生的职业规划，提供实习和就业机会，帮助学生建立职业网络，以及提供职业技能培训等方式，积极参与并推动学生的职业发展。

4. 发展自身的职业技能

理解自身的重要性，教师应该意识到，他们自身的职业技能和专业素养的提升，对学生的职业发展具有直接的影响。因此，教师应该积极参与专业发展活动，提升自身的职业技能和教学水平。

（三）教师要整合个人教育理念与职业导向教学理念

教师的教育理念会影响他们的教学方法和对学生的期望。因此，教师需要整合他们的个人教育理念和职业导向的教学理念。

1. 反思个人教育理念

每位教师都有自己的教育理念，这可能受到他们自身教育经历、社会环境、教育研究等多种因素的影响。在面对新的教学理念时，教师首先需要深入反思自己的教育理念，明确自己的教育目标、教学方法和学生角色等核心观念。

2. 了解职业导向教学理念

教师需要通过学习和实践，深入理解职业导向的教学理念，包括其教学目标、教学内容、教学方法和评价方式等。只有深入理解，教师才能真正接纳并实施这一教学理念。

3. 比较两种教育理念并整合两者

在理解了自身的教育理念和职业导向的教学理念之后，教师需要进行比较，找出两者之间的共同点和差异，以及可能的冲突和矛盾。然后，教师需要找出整合两种理念的方法，这可能包括调整自身的教育观念，改变教学方法，以及寻求外部的支持和帮助。

4. 实践和反馈

整合两种教育理念并不是一次性的活动，而是一个持续的过程。教师需要在实践中不断尝试和反思，根据反馈和结果调整自己的教学理念和方法。这个过程可能会有困难和挫折，但只有通过实践和反思，教师才能真正实现教育理念的转变和发展。

二、教师职业发展路径的改变

（一）重新定位自身的专业发展目标

在重新定位自身的专业发展目标时，教师需要从多个方面进行思考和规划。首先，教师应该深入了解各个行业的职业需求和发展趋势。不同行业对英语技能的要求可能有所不同，有的行业可能更注重商务英语和跨文化交际能力，而有的行业可能更需要科技英语和专业术语的运用。教师可以通过与相关行业的专业人士交流、参加行业研讨会和培训等途径，获取行业信息和就业趋势，从而更准确地定位自身的专业发展目标。其次，教师还应该审视自身的教学能力和知识储备。职业导向的高校英语教学要求教师不仅要具备扎实的英语语言知识，还需要了解职业相关的专业知识和实际工作中所需的技能。教师可以通过反思自己的教学经验和教学效果，发现自身在职业导向教学中的优势和不足之处，然后有针对性地进行提升和改进。

（二）识别和获取新的职业能力和知识

为了适应职业导向的教学需求，教师需要识别并获取新的职业能力和知识。他们应该了解不同行业的职业需求和发展趋势，掌握与职业相关的专业知识。这可能涉及商务、科技、医疗、金融等各个行业领域的英语特色和术语。教师可以通过参加职业培训、学习行业报告和研究，与企业专家交流等途径，不断丰富自身的职业知识。

在基于职业导向的高校英语教学中，教师需要具备广泛的行业知识，不仅要了解不同行业的专业术语和表达方式，还要了解行业的发展趋势、创新技术和最新成果。例如，对于商务英语教学，教师需要了解国际贸易、市场营销、跨文化交际等商业领域的知识；对于科技英语教学，教师需要熟悉科技领域的前沿技术和科学研究进展。通过获取这些新的职业能力和知识，教师可以更好地指导学生适应未来职业发展的需求。

（三）创新教学方法和策略，以满足职业导向教学的需求

为了满足职业导向的教学需求，教师需要创新教学方法和策略。传统的教学模式注重知识的传授，而职业导向的教学强调学生在实践中学习和提升职业能力。因此，教师可以采用案例教学、项目驱动、模拟实习等实践性教学方法，让学生在真实的职业场景中运用英语技能。通过这些实践性的教学方法，学生可以更加深入地了解职业领域的要求，提高解决实际问题的能力。此外，教师还可以结合信息技术手段，设计在线实践项目和职业模拟环境，提供更灵活和多样化的教学体验。利用虚拟实验室、远程合作等先进技术，让学生跨越时空限制，与实际职业环境互动，培养适应现代职场的能力。通过创新教学方法和策略，教师可以提高教学的效果和吸引力，增强学生的学习兴趣和参与度。

三、基于职业导向的高校英语教师角色定位

（一）从纯粹的知识提供者转变为生涯发展指导者

在基于职业导向的教学理念下，教师的角色需要发生转变。他们不再仅仅是知识的传授者，更需要成为生涯发展的指导者。

职业导向的高校英语教师应该具备更广阔的视野，了解不同行业的职业需求和发展趋势。他们需要引导学生探索职业发展的可能性，帮助学生了解不同职业领域的优势和劣势，从而做出明智的职业选择。教师应该积极参与学生的生涯规划，为他们提供职业指导和建议，帮助他们制定个人的职业发展目标和计划。为了成为生涯发展的指导者，教师需要与学生建立良好的沟通和信任关系。他们应该关心学生的兴趣、爱好和职业志向，倾听学生的需求和想法，积极回应学生的问题和困惑。通过与学生的密切交流，教师可以更好地了解学生的个性和优势，为他们提供量身定制的生涯发展建议。此外，教师还应该持续提升自己的职业素养和知识储备。他们需要不断了解行业的动态和趋势，更新职业知识，以便能够为学生提供准确、全面的职业信息和指导。通过持续学习和专业发展，教师可以

更好地胜任生涯发展指导的角色。

（二）从单一的评价者转变为多元评价者

在传统的高校英语教学中，教师往往扮演着单一的评价者角色，主要依靠考试和作业等方式对学生进行评价。然而，在基于职业导向的教学理念下，教师的评价角色也需要发生转变，从单一的评价者转变为多元评价者。

职业导向的高校英语教学注重学生的职业发展和实际应用能力，因此，教师的评价方式应该更加多元化和全面化。除了传统的考试和作业评价外，教师还应该引入更贴近实际职业需求的评价方式，如项目评估、职业技能测试、实践表现评价等。这些评价方式可以更好地反映学生的实际能力和潜力，帮助他们更好地适应未来的职业发展。

在多元评价中，教师可以更加关注学生的实践表现和职业素养的培养。例如，在项目评估中，教师可以评价学生在团队合作、沟通能力、解决问题和创新能力等方面的表现，这些都是职业中所需要的重要能力。同时，教师还可以通过实践表现评价学生在实际职业场景中的表现，如商务谈判、科技文档撰写等，以更准确地了解学生的职业适应能力。

除了教师的评价，职业导向的教学还鼓励学生进行自我评价和同伴评价。学生可以对自己的学习和职业发展进行反思和总结，认识到自身的优势和不足之处，并设立相应的改进计划。同时，学生也可以互相评价和交流，从同伴的反馈中获得更全面和客观的评价。

在实施多元评价的过程中，教师需要保持公正和客观的态度，鼓励学生勇于接受挑战和改进。多元评价不仅可以帮助教师更全面地了解学生的职业发展情况，也可以激发学生的学习动力和自我管理能力。

（三）从课堂内的教学者转变为课堂外的辅导者

在传统的高校英语教学中，教师主要在课堂内担任教学者的角色，通过课堂授课和讲解来传授知识和技能。然而，在基于职业导向的教学理念下，教师的角色也需要发生转变，从课堂内的教学者转变为课堂外的辅导者。

职业导向的高校英语教学强调学生在实践中学习和应用英语技能，因此，教师的辅导作用显得尤为重要。辅导者的角色要求教师与学生建立更密切的联系和互动，通过个性化的指导和支持帮助学生克服学习和职业发展中遇到的问题和困难。

首先，教师可以在课堂外提供个性化的学习辅导。通过与学生的面对面交流、线上交流或者小组讨论等方式，教师可以了解学生的学习情况和学习需求，为他们提供个性化的学习建议和学习计划。教师可以根据学生的学习风格和学习进度，推荐适合的学习资源和教学方法，帮助学生更有效地学习和掌握英语技能。

其次，教师可以提供职业发展指导和支持。作为辅导者，教师需要了解学生的职业志向和发展目标，帮助他们制定个人的职业规划和发展计划。教师可以与学生一起探讨不同职业领域的就业机会和要求，为学生提供职业导向的课程和实践机会，帮助他们提升职业素养和竞争力。此外，教师还可以向学生介绍行业内的实习和就业资源，为他们提供实践经验和职业机会。

最后，教师还可以在学生的实践活动中充当导师的角色。例如，在学生参与实际项目或实习时，教师可以担任导师的角色，为学生提供实践指导和反馈。通过与学生共同探讨和解决实际问题，教师可以帮助学生将课堂学习与职业实践相结合，提升学生在实际工作中的应用能力和职业素养。

总之，通过以上这样的角色定位，教师可以成为学生生涯发展的引导者和支持者，为他们的未来职业道路铺平坦途。

四、积极引入企业与社会的评价策略

积极引入企业与社会的评价策略，可以有效促进教师角色的转变和职业导向教学的实施。

（一）建立反馈机制

建立反馈机制不仅可以让教师了解到自己教学方式的优点和不足，也有助于教师理解自己在职业导向教学中的角色定位。通过与企业和社会机构的持续沟通，教师可以获得第一手的信息，知道他们的教学是否满足了社会和职业领域的需求。

企业和社会机构可以通过这一机制，对教师的教学内容、方式以及教师在学生职业发展中的角色提供反馈，这些反馈可以指导教师做出相应的调整，以更好地服务于学生的职业发展。此外，这一机制也有助于提升教师的教学质量。教师可以通过企业和社会机构的反馈，找到自己的不足之处，进而进行自我提升。同时，学校也可以通过这一机制，发现教师在教学过程中存在的问题，从而进行教学改革，提升整体的教学质量。

（二）开展校企合作评价

开展校企合作评价不仅可以帮助教师提升教学质量，也有助于教师更好地理解自身在学生职业发展中的角色，从而更有效地进行教学。

通过密切的校企合作，教师可以直接参与到企业的实际工作中，了解企业对于员工的真实需求，将这些需求反馈到教学中，使教学内容和方式更符合实际需求，增加教学的针对性和实用性。企业对学生能力的需求是随着市场和技术的变化而变化的，通过校企合作，教师可以及时获取这些变化，适时调整教学内容和方式，确保教学与实际需求保持同步。

企业是学生毕业后的主要就业方向，企业对教师的评价对于教师的教学改进有着直接的指导意义。通过校企合作，企业可以直接参与到教学过程中，对教师的教学方法、教学内容进行直接评价，帮助教师改进教学。

（三）举办社区活动

通过举办讲座、工作坊等社区活动，教师可以接触更多的社会人士，听取他们对教育的意见和建议，从而获得更全面的评价。

（四）推广教师评价系统

教师评价系统不应只包括学生的评价，也应包括企业和社会的评价。

学生评价：学生作为教学的直接接受者，他们的反馈是评价教师教学效果的重要参考。学校可以通过问卷调查、面谈等方式收集学生对教师教学方法、教学内容、教学态度等方面的评价。

企业评价：企业是学生的主要就业去向，他们对于学生的技能要求直接反映了教师教学的针对性和实效性。学校可以邀请企业代表对教师的教学进行评价，或者通过对实习学生的表现进行评价间接评价教师的教学。

社会评价：社会包括了学生的家长、行业协会、教育部门等，他们可以从更广泛的角度评价教师的教学。学校可以通过讲座、公开课、家长会等方式，收集社会对教师教学的评价。

这样的评价系统可以让教师从多个角度了解到自己的教学效果，发现自己的优点和不足，从而不断调整和改进自己的教学。同时，这样的评价系统也可以增强学校和教师对教育工作的责任感，促进学校教育质量的提升。

（五）加强公众参与

鼓励公众对教育的参与，可以是家长、社区成员、行业专家等，他们的意见和反馈可以帮助教师更好地理解自己的角色，更全面地了解社会对教育的期待。

通过这些策略，教师可以更好地理解自己的角色，更有效地调整自己的教学方式，更全面地满足学生的需求，更积极地推进职业导向教学的实施。

第四节　基于职业导向的高校英语师资力量建设

基于职业导向的高校英语教学，不仅要重新审视高校英语的教学目标和教学方法，更要重视和加强师资力量的建设。师资力量是高校英语教育质量和效果的关键，也是推动教育改革和发展的重要力量。本节将探讨在职业导向的教学理念下，如何建设和提升高校英语的师资力量，以更好地应对教育的发展和挑战。

一、高校英语教学师资力量现状

（一）师资力量概述

师资力量是指一个学校或教育机构所拥有的教师队伍的整体素质和能力。它是由多个方面组成的，这些方面共同决定了教师的教学水平、专业素养以及对学生学习和发展的影响。以下是师资力量的主要组成部分：

教师数量：师资力量的一个重要方面是教师的数量，即学校拥有多少名合格的教师。充足的教师数量可以确保学校的师生比例合理，教学质量得到保障。

教师资历和学历：教师的资历和学历是师资力量的重要指标。教师应该具备相关学科专业的教育背景和资质认证，拥有教师资格证书。高学历和专业资质可以提高教师的教学水平和专业素养。

教学经验：教师的教学经验对于师资力量至关重要。经验丰富的教师在教学中能够更好地应对各种情况，更有效地指导学生学习。

教学能力：教师的教学能力是评估师资力量的关键因素。教师应该具备良好的教学设计、教学组织和课堂管理能力，能够针对学生的不同需求实施有效的教学策略。

学科知识：教师需要具备扎实的学科知识，深入了解所教授学科的内容和前沿发展。学科知识的掌握有助于教师更好地传授知识，并回答学生的问题。

教育研究和创新能力：优秀的师资力量应该具备教育研究和创新能力。教师可以参与教育研究，探索教学问题和改进教学方法，为教育领域的进步作出贡献。

教师发展意识：教师应该具备持续学习和自我提升的意识，积极参加教师培训和学术交流活动，不断提高自身的专业水平。

师资力量的好坏直接关系到学校教育质量和学生的学习效果。正如王守仁教授所说:"精心规划设计的课程要由教师来开发、建设、讲授,综合评估体系的内容和手段要由教师来研究确定。"① 一个拥有高质量师资力量的学校能够为学生提供更优质的教育和教学服务,培养出更具竞争力的人才。因此,学校和教育机构应该重视师资力量的建设,持续提升教师的教学水平和专业素养。

(二)高校英语教学师资力量现状分析

高校英语教学师资力量的现状在不同学校和地区可能存在一定差异,但总体来说,以下是一些可能存在的普遍情况和分析:

1.教师数量和结构

大多数高校拥有一定数量的英语教师,但不同学校之间的师资数量和结构可能有所差异。一些名校或重点学科往往拥有更多的教授、副教授等高级职称的教师,而一些普通本科院校可能师资结构较为平均。另外,有些学校可能存在英语教师总数不足以满足教学需要的问题。

2.教师资历和学历

高校英语教师的资历和学历普遍较高,很多教师具有硕士及以上学位,部分拥有博士学位。但在一些高校中,仍然可能存在一些教师学历较低或缺乏相关教育背景的情况。

3.教学经验

大多数高校英语教师具备一定的教学经验,尤其是中高级职称的教师。教学经验丰富的教师在教学过程中更加游刃有余,能够更好地应对不同学生的学习需求,但一些高校的年轻英语教师也很多,他们存在着不同程度的教学经验不足等现象。

4.教学能力和教学方法

在高校英语教师中,教学能力和教学方法的水平可能存在差异。一些教师拥有较高的教学能力,善于运用多种教学方法,注重互动和实践,但也有一些教师可能过于依赖传统教学模式,缺乏创新和实践。

5.学科知识和行业了解

优秀的高校英语教师通常具备扎实的学科知识,了解英语学科的前沿动态和国内外学术研究成果,也有部分教师对特定领域的专业知识了解相对较少。

6.教师发展意识

教师发展意识的程度也会有所不同。一些教师积极参加教育培训、学术研讨

---

① 王守仁.在构建大学英语课程体系过程中建设教师队伍 [J].上海:外语界,2012(4):2-5.

会等，持续提升自身专业素养，而有些教师可能较为缺乏教师发展的意识，没有主动寻求专业成长的机会。

总体来说，高校英语教学师资力量在许多地方已经得到了提升，拥有一定数量和素质较高的教师队伍。然而，仍有一些问题需要解决，如加强教师培训和发展，提高教师教学能力和教学方法的创新性，以及加强对英语教学领域的研究和学术交流。通过持续的努力和支持，高校英语教学师资力量可以进一步提升，为学生提供更优质的英语教育服务。

（三）高校英语教学师资力量建设的重要性

高校英语师资力量的建设对于高等教育的发展和学生的学习成长具有重要的意义。

1. 教学质量的保障

优秀的师资力量是保障教学质量的关键。拥有高水平的英语教师可以提供优质的教学服务，有效地传授知识，指导学生学习，提高学生的学习效果和综合素质。

2. 教育资源的优化

师资力量的建设有助于优化教育资源配置。教师的教学水平和专业素养决定了教学质量，优秀的师资力量能够更有效地利用教育资源，提供更多的教育机会和发展空间。

3. 职业导向教学的推进

具备职业导向教学理念和专业素养的教师可以更好地将学科知识与实际职业需求结合，培养更适应职场的人才，推进职业导向教学的实施。

4. 学生职业发展的支持

高校英语教师的专业素养和职业指导能力可以为学生的职业发展提供重要支持。教师可以了解行业动态，向学生介绍职业发展趋势和技能需求，帮助学生做出更明智的职业规划。

5. 学术研究与创新的推动

具备高水平的师资力量有助于推动学术研究与创新。教师可以参与学科研究，推进教学方法和教育理念的创新，为教育领域的进步贡献力量。

6. 学校声誉的提升

拥有优秀的师资力量可以提高学校的教学声誉和竞争力。学校的教育品质和师资水平是吸引优秀学生和教师的重要因素，也是学校吸引更多资源和合作机会的基础。

二、基于职业导向的高校英语师资力量的建设策略

（一）建立专业化的师资队伍

建立专业化的师资队伍是基于职业导向的高校英语师资力量建设的重要策略，这需要我们提高教师的专业化水平，加强实践性培训，让他们既有扎实的专业知识，又有实践的能力，从而能够更好地满足学生的学习需求，推动教育的发展。

1.提高教师队伍的专业化水平

（1）创设教学研讨平台

为了促进教师队伍的专业化水平提升，高校可以创设教学研讨平台，为教师提供交流和学习的机会。这个平台可以是教学研讨会、教学分享会或学科组会议等形式。教师可以在这些平台上分享自己的教学经验、教学方法和教学资源，互相启发和学习。同时，高校可以邀请有经验的教师或行业专家进行指导，引导教师深入探讨教学问题，探索教学的创新和改进。

（2）提供职业发展支持

高校可以为英语教师提供职业发展支持，包括职称评定、职业规划咨询等服务。通过对教师的职称评定，可以激励教师不断提高自身的专业素养和教学水平。同时，高校可以为教师提供职业规划指导，帮助他们了解行业的发展前景和职业发展路径，提供有针对性的职业发展建议。

（3）引进优秀教师和专家

为了提高教师队伍的专业化水平，高校可以积极引进优秀的教师和专家。通过引进有丰富教学经验和专业知识的教师，可以提高整个教师队伍的水平，激发其他教师的学习动力和学习兴趣。此外，高校还可以邀请国内外专业领域的专家来进行学术交流和指导，拓宽教师的学术视野，推动教学方法和理念的创新。

（4）鼓励教师参与学术研究

高校可以鼓励教师参与学术研究，积极开展教学研究和教育创新。通过参与学术研究，教师可以深入了解教育领域的最新进展和前沿知识，探索教学问题和教学改进的方法。高校可以提供相应的支持，如研究经费、学术交流机会等，激励教师积极参与学术研究和创新活动。

2.加强教师队伍的实践性培训

实践性培训可以帮助教师理解和掌握实际工作中所需要的技能，提升他们的职业素养。具体可以从以下几个方面入手：

（1）与企业合作实习

高校可以积极与企业建立合作关系，在教师培训中加入实习环节。通过与企业合作，教师可以进入真实的工作环境，亲身感受职业场景，了解行业的发展趋势和需求。实习经历可以帮助教师与企业之间建立更紧密的联系，让他们了解学生未来可能面对的职业挑战，为教学提供更加贴近实际职场的指导。

（2）参与实际项目

高校可以组织教师参与实际项目的设计和实施。这样的实践性培训可以让教师亲自参与课程设计和教学活动，提高他们的教学设计和组织能力。教师在项目中的实际操作经验也能让他们更好地理解学生的学习需求和挑战，为教学方法和教学内容的调整提供指导。

（3）探索教学创新

实践性培训可以激发教师的教学创新意识。通过参与实际项目或在实习中接触新技术、新方法，教师有机会尝试新的教学模式和教学工具。这有助于教师拓宽教学视野，提升教学质量，更好地满足学生的学习需求。

（4）学习与交流

实践性培训为教师提供了学习与交流的机会。教师可以通过实践性培训的活动，与其他教师进行交流、分享教学经验，共同探讨教学问题。这种交流与学习的过程有助于教师之间互相启发，相互学习，共同成长。

（二）加强校企合作，优化师资队伍结构

加强校企合作，优化师资队伍结构是基于职业导向的高校英语师资力量建设的另一个重要策略。

邀请企业专家成为客座教师是一种有效的方法，可以促进高校英语教学与实际职业需求的结合，提升教学质量和学生的职业竞争力。同时，这也是一种为教师提供专业发展机会的方式，促进教师与行业的交流与合作。

1.实践经验丰富

企业专家通常在行业内拥有丰富的实践经验，他们对行业的发展和趋势有深入了解。通过成为客座教师，他们能够分享自己的实践经验和行业内的最新动态，使教学内容更加贴近实际职业需求。

2.实时更新知识

由于企业专家密切关注行业的发展，他们了解最新的技术、趋势和需求。他们的参与可以帮助教师和学生了解当前和未来职业的最新要求，及时调整教学内容和方法，确保教学与职业需求保持同步。

3 提升教学质量

企业专家能够为教师提供最前沿的职业知识和实践经验，从而帮助教师更好地准备学生迎接职业挑战。这种直接的行业反馈可以提升教学质量，让学生更具竞争力。

4. 多元学习视角

邀请企业专家成为客座教师可以丰富师资队伍的结构，为学生提供多元的学习视角。学生能够从不同领域的专家中获得不同的教学体验，了解不同行业的要求，有助于拓宽学生的职业选择范围和发展路径。

5. 教师专业发展

邀请企业专家成为客座教师也是一种教师专业发展的形式。教师可以从专家的教学经验和行业知识中学习，不断提升自己的教学能力和职业素养。

（三）提升师资队伍的整体质量

1. 加强师资队伍的继续教育

继续教育是一个综合性的概念，它不仅包括对已有知识的更新和深化，还包括对新知识、新技能的学习，甚至包括对教师职业素养、教学理念和教学策略的反思和改进。因此，加强师资队伍的继续教育，是一个系统性、多元化和持续性的过程。

具体来说，首先，高校应设立各类继续教育项目，包括但不限于在职研究生教育、远程教育和短期培训等。这些项目不仅可以帮助教师更新和深化专业知识，提升教学技能，也可以提供一个平台，让教师有机会接触新的教育理念和教学方法，开阔思维，拓宽视野。

其次，高校应注重培养教师的研究能力和创新精神。教师不应仅仅是知识的传递者，更应是知识的创造者和推动者。因此，高校应鼓励和支持教师进行教学研究和改革，以提升教学质量和效果。这可以通过设立教育研究基金，提供研究项目，甚至设立研究休假等方式实现。

再者，高校还应注重师资队伍的专业发展。除了提供教师专业知识和技能培训外，高校还应提供一系列的职业发展机会和平台，如教师交流会、教育论坛和国际学术研讨会等，让教师有机会与其他教育工作者交流和分享，从而提升自己的职业素养和教学水平。

总的来说，加强师资队伍的继续教育，既需要有全面的项目设置，又需要有系统的政策支持，更需要有持续的实践和反思，以实现教师专业发展和教学质量的双重提升。

2.加强教师间的相互学习

教师间的相互学习可以理解为教师之间基于共同目标或问题，通过合作、分享、讨论等方式进行的学习活动。这种学习方式强调教师之间的交流和互动，注重从实践中学习和反思，以促进教师的个人发展和集体发展。

首先，教研活动是教师相互学习的重要形式。教师可以在教研活动中分享自己的教学设计、教学方法和教学经验，也可以通过参观其他教师的课堂，观摩他们的教学实践，从而获得新的启示和灵感。同时，教研活动也为教师提供了一个平台，让他们可以就教学难题进行讨论和研究，共同寻找解决策略。

其次，经验分享也是教师相互学习的有效方式。经验分享不仅可以帮助教师理解和借鉴其他教师的成功经验，也可以帮助他们从失败中汲取教训，从而不断优化和改进自己的教学实践。此外，经验分享还可以增强教师的共享意识，促进教师间的信任和尊重，构建积极和协作的教师文化。

再者，团队合作是教师相互学习的另一个重要途径。通过团队合作，教师可以共享教学资源，共同解决教学问题，提高教学效率。同时，团队合作也可以提升教师的团队精神和协作能力，有利于形成高效和有凝聚力的师资队伍。

总的来说，加强教师间的相互学习，既能提升每位教师的专业素养和教学能力，也能推动师资队伍的集体进步和发展。因此，高校应充分认识到教师间相互学习的重要性，采取积极措施，创造有利条件，推动教师间的相互学习深入开展。

（四）师资力量建设的政策保障与机制建设

1.建立完善的师资培训和激励机制

首先，教师的培训应该是持续性和针对性的。持续性意味着教师的培训并不是一次性的事件，而是一个持续的、周期性的过程，教师需要在整个职业生涯中不断学习和进步。针对性则意味着教师培训应该针对教师的个体差异和专业需求，提供定制化的培训内容和方式。例如，对于新入职的教师，培训应重点关注他们的教学技能和课堂管理能力的提升；对于在职教师，培训则应更注重他们的专业知识更新和教学方法创新。

其次，建立公正公平的激励机制是提高教师工作积极性和满意度的关键。激励机制可以是物质的，也可以是精神的，关键在于激励能够满足教师的需求，激发他们的积极性。例如，可以通过设立教学奖项，表彰在教学和研究中表现突出的教师；也可以通过提供研究经费、教学资源和职业发展机会，支持教师的专业发展。此外，激励机制也应强调公平，确保所有教师都有平等的机会获得奖励和支持。

最后，高校应该将师资培训和激励机制视为一个整体，二者相辅相成。一个好的培训机制能够帮助教师提升能力，解决工作中的问题，从而提高工作满意度和教学效果；而一个好的激励机制能够鼓励教师积极参与培训，不断提升自己，达到自我实现。因此，高校在设计和实施师资培训和激励机制时，应该充分考虑二者的关系和互动，以实现最大的效果。

2.加强政策支持和资金投入

政策支持和资金投入是推动高校英语师资力量建设的重要手段。通过适当的政策和充足的资金，可以建立一支专业、稳定、持续发展的师资队伍，为高校英语教育的发展提供强有力的支持。

首先，政策支持是师资力量建设的基础。政府通过制定和实施教师发展政策，可以为师资队伍的建设提供指导和保障。例如，政府可以制定教师培训政策，规定教师的培训标准和要求，以确保教师队伍的专业水平和教学质量。在一些国家和地区，政府会定期发布教师培训指南，明确培训内容、方法和时间，确保所有教师都能得到必要的培训。

其次，资金投入是实现政策目标的重要保障。没有足够的资金支持，即使有再好的政策也难以实施。因此，政府应提供必要的资金支持，用于教师的培训和发展。例如，政府可以设立教师发展基金，专门用于支持教师的在职培训、研究和创新等活动。同时，高校也应提供足够的资金，用于师资队伍的建设和发展。在美国，一些大学会设立专门的教师发展中心，提供资金和资源，支持教师的专业发展。

最后，政策支持和资金投入应该相互配合，形成有效的教师发展体系。政策应指明方向，设定目标，资金则应保障政策的实施，满足教师的实际需求。同时，政策和资金的投入也应随着教育的发展和教师需求的变化而进行调整，以实现最大的效果。

（五）打造双师型结构的专业教学团队

双师型教师是指具有行业背景、掌握一定专业技术，并具有一定教学能力的教师。双师型教师对于职业导向的高校英语教学尤其重要，因为他们可以结合行业实际，更好地引导学生将理论知识应用于实践。

1.培养双师型教师

第一，学校和教育机构需要明确培养双师型教师的目标和标准。明确要求教师具备什么样的学科知识和教学能力，以及需要有多少年的行业工作经验和实践能力。

第二，学校应该设计专业课程，旨在提升教师的学科知识和教学能力。这些课程应该包括教育学、心理学、教学设计等，以帮助教师掌握有效的教学方法和教育理论。

第三，学校可以与企业和社会机构合作，为教师提供行业实践机会。这些实践机会可以是暑期实习、参与项目合作或者企业访问等，让教师能够深入了解行业的实际需求和工作环境。

第四，学校可以建立导师制度，由有丰富行业经验的教师担任导师，指导新教师的职业发展和教学实践。导师可以分享自己的行业经验，提供实用的职业指导和建议。

第五，学校应该为教师提供持续教育和培训机会，使他们能够不断提升自己的学科知识和教学能力，并保持对行业动态的了解。

通过以上措施，学校可以有效培养出双师型教师，为学生提供更加实用和职业导向的教育。这样的教师不仅能够传授学科知识，还能够帮助学生更好地了解职业发展需求，提升学生的职业素养和就业竞争力。

2.打造双师型教学团队

（1）组织结构优化

构建由全职教师、兼职教师和企业导师组成的教学团队，各类教师之间进行互补，共同参与教学。

全职教师：全职教师是教学团队的主体成员，他们拥有扎实的学科知识和教学能力。全职教师负责课程设置、教学计划的制定和教学任务的执行。他们通过系统的教学活动和课堂教学，传授学科知识和培养学生的基本英语技能。全职教师还负责指导学生的学习和发展，帮助学生制定职业规划和目标。

兼职教师：兼职教师是从相关行业和企业邀请的专业人士，他们拥有丰富的行业经验和实践能力。兼职教师可以为学生提供实际职业知识和案例，让学生了解职业领域的实际工作情况和需求。兼职教师可以通过讲座、工作坊、实践项目等方式参与教学，为学生提供与实际职业需求密切相关的教育。

企业导师：企业导师是从合作企业或行业邀请的专业人士，他们拥有丰富的行业经验和管理能力。企业导师可以为学生提供真实的职业指导和行业需求，帮助学生了解职业发展的路径和要求。企业导师可以定期参与学校的职业导向教学活动，例如评估学生的职业技能，提供实习机会和就业指导等。

（2）设立双师型教学岗位

设立双师型教学岗位是实现双师型教学团队的重要策略之一。通过设立这样的岗位，学校可以吸引有职业背景和实践经验的专业人士加入教学团队，从而实现与行业接轨，提供更贴近实际职业需求的教育。以下是设立双师型教学岗位的具体步骤：

岗位设立与职责明确：学校需要明确双师型教学岗位的设立目的和职责。这些岗位的主要任务是为学生提供实际职业知识和经验，指导学生的职业发展，以及参与教学团队的教学活动。岗位可以根据不同的学科领域和行业需求来设立，以确保教学团队的多样性和全面性。

招聘与选拔：学校可以通过校内外的招聘渠道，吸引有职业背景和实践经验的专业人士申请双师型教学岗位。招聘要求可以包括相关行业工作经验、职业资质认证以及教学经验等。招聘后，学校需要对应聘者进行选拔，确保其具备较高的专业水平和教学能力。

岗位合同和薪酬待遇：学校与双师型教师签订岗位合同，明确双方的权利和义务。合同中应明确教学岗位的职责、工作时间、薪酬待遇以及绩效考核标准。学校可以根据双师型教师的教学质量和学生满意度等指标来确定薪酬待遇，激励教师投入更多的教学精力和热情。

培训与发展：学校需要为双师型教师提供专业培训和发展机会，以提升其教学水平和职业素养。培训内容可以包括教学方法、职业导向教育理念、行业动态等方面的内容，帮助双师型教师更好地适应双师型教学的要求。

团队合作与交流：学校鼓励双师型教师与全职教师、企业导师等进行团队合作和交流。这样可以促进教师之间的互相学习，共同探索更有效的教学方法和策略，提升整个教学团队的教学质量和水平。

这样，通过打造双师型教学团队，可以提升高校英语教学的质量和效果，更好地满足学生的职业发展需求。

第八章　面向未来的高校英语教学改革策略

第一节　信息技术在职业导向高校英语教学中的应用

在当今的信息化社会，信息技术的快速发展对教育领域产生了深远影响。教育技术的应用不仅改变了教学方式，也为学生提供了更为丰富和多元的学习资源。特别是在高等教育中，信息技术的应用已成为推动教学改革和提升教学质量的重要手段。

一、信息技术的发展和教育应用

（一）信息技术的发展概述

信息技术是指应用计算机和通信技术来收集、处理、存储、传输和利用信息的一系列技术和方法。自 20 世纪以来，信息技术的发展取得了巨大的进步，对社会、经济、教育、医疗和日常生活等各个领域产生了深远的影响。以下是信息技术发展的主要方面：

计算机技术的进步：计算机技术是信息技术的核心。随着计算机硬件的不断进步和计算能力的提升，计算机已经成为高效处理大量信息的主要工具。从最初的大型主机到个人计算机，再到如今的移动设备和云计算，计算机技术的进步为信息处理和存储提供了强大的支持。

通信技术的革新：信息传输是信息技术的另一个重要方面。随着互联网的普及和宽带网络的发展，人们能够更加快速地在全球范围内传递信息。移动通信技术的进步使得人们可以随时随地进行语音通话、短信和数据传输，极大地便利了人们的生活和工作。

互联网和数字化革命：互联网的出现和普及标志着信息技术迈入了一个新的时代。互联网连接了全球的计算机网络，为人们提供了海量的信息资源和交流平台。数字化革命使得信息以数字形式存储和传输，极大地提高了信息的处理速度和效率。

大数据和人工智能：随着信息的快速增长，大数据技术应运而生。大数据技术可以高效地处理海量的数据，从中挖掘出有价值的信息和模式。同时，人工智能的发展为信息技术带来了新的突破，包括机器学习、自然语言处理和计算机视觉等领域的进步，使得计算机可以模仿人类的智能行为。

移动互联网和智能设备：移动互联网的兴起让人们可以随时随地访问网络和应用程序。智能手机、平板电脑和智能穿戴设备的普及，使得人们可以更加便捷地处理信息、进行社交、购物、娱乐等活动。

虚拟现实和增强现实：虚拟现实和增强现实技术为信息技术带来了全新的交互和体验方式。通过虚拟现实设备，用户可以身临其境地体验虚拟环境；而增强现实技术则将虚拟元素与真实世界融合，为用户提供更丰富的信息呈现方式。

信息技术的发展改变了我们生活和工作的方式，对教育领域的影响也日益显著。随着技术的不断进步，我们可以期待信息技术将在未来的教育改革和创新中发挥更大的作用。

（二）信息技术在教育领域的应用

信息技术在教育领域的应用已经深入到各个层面，从课堂教学、课程设计、学习资源，到评估方法和教育管理等方面都得到了广泛的应用。

首先，信息技术已经变革了教学方式。例如，网络教学平台的发展使得在线教学和远程教育成为可能，这打破了传统的时间和空间限制，提供了更为灵活的学习方式。此外，交互式的教学技术，如智能教学系统和虚拟现实技术，可以提供更丰富和真实的学习体验，提高学生的学习参与度和效果。

其次，信息技术也影响了课程设计和学习资源的开发。例如，数字化的课程资源，如电子教科书和在线教学视频，为学生提供了丰富和多元的学习资源。同时，基于数据的个性化学习系统可以根据学生的学习进度和能力，提供个性化的学习路径和资源。

再者，信息技术对评估方法和教育管理也产生了影响。例如，基于数据的评估方法，如学习分析和自适应测试，可以提供更准确和及时的学习反馈。在教育管理方面，学校信息管理系统的应用，可以提高教育资源配置的效率和透明度。

总的来说，信息技术的应用不仅改变了教育的传递方式，也提高了教育的质量和效率。随着技术的不断进步，我们可以期待信息技术在教育领域的应用将进一步深入和广泛。

二、信息技术对职业导向英语教学的影响

（一）提升教学效果

多媒体教具：信息技术为教师提供了使用多媒体教具的机会，如投影仪、交互式白板和教学软件等。通过多媒体教具，教师可以将生动的图片、视频和声音融入课堂教学，使学习更加生动有趣，激发学生的学习兴趣。

在线资源和教材：网络上有大量的英语学习资源和教材可供学生使用。教师可以引导学生使用在线词典、语法工具、听力练习和阅读材料，以便学生更便捷地进行学习和练习，提高学习效率。

学习管理系统：信息技术支持下的学习管理系统可以帮助教师更好地跟踪学生学习进度和表现，及时了解学生的学习情况，从而针对不同学生的需求进行个性化指导。

虚拟实验和模拟训练：对于特定职业领域的英语教学，信息技术可以提供虚拟实验和模拟训练环境，使学生能够在安全和受控的情境中实践职业相关的英语交际技能，增强他们的应用能力。

（二）为职业发展提供支持

信息技术在职业导向英语教学中的应用不仅提升了教学效果，还为学生的职业发展提供了有力的支持。

首先，信息技术可以提供实际和相关的职业学习内容。例如，通过网络，教师可以获取各行各业的英语实际应用案例，如商务报告、技术论文、营销材料等，将这些案例融入教学，使学生能够理解和学习英语在不同职业场景中的应用，为他们的职业发展打下基础。

其次，基于网络的职业规划和咨询系统可以为学生提供职业发展的指导和支持。例如，一些英语学习平台提供了职业规划工具和职业咨询服务，学生可以根据自己的兴趣和目标，获取相关的职业信息和建议，规划自己的职业发展路径。

再者，信息技术还可以提高学生的信息素养和技术能力，这对于他们的职业发展也非常重要。例如，通过使用电子资源、在线学习工具和社交媒体等，学生可以提高他们的信息搜索、分析和交流能力，这些能力在任何职业中都是非常重要的。

（三）增加职业实践机会

信息技术的应用不仅可以为职业导向英语教学提供丰富的学习资源和个性化学习体验，也可以为学生提供更多的职业实践机会。

在线实习和远程工作：随着互联网的发展，更多的公司开始提供在线实习和远程工作的机会。这使得学生可以不受地理位置的限制，参与到实际的工作中去。例如，一些国际公司会在其网站上发布在线实习的机会，学生可以通过远程的方式参与到公司的实际工作中，这不仅可以增强他们的英语应用能力，也可以让他们了解并适应实际的工作环境。

职业模拟和角色扮演：通过使用信息技术，教师可以为学生提供更真实的职业模拟体验。例如，一些教学软件提供了角色扮演和情境模拟的功能，学生可以在虚拟的环境中扮演不同的职业角色，解决实际的问题，这可以培养他们的英语沟通能力和解决问题的能力。

（四）提高学习自主性

信息技术在提高学生学习自主性方面也发挥了重要作用。通过提供自主学习平台和在线学习社区，信息技术为学生提供了自我驱动和自我管理的学习环境。

自主学习平台：随着互联网的普及和发展，许多自主学习平台应运而生，如网易云课堂、中国大学慕课等。这些平台上，学生可以根据自己的学习进度和需求，选择自己感兴趣的课程和内容。通过这种方式，学生能够在自我驱动和自我调节的环境中进行学习，增强他们的学习自主性。

在线学习社区：另一方面，许多在线学习社区，如知乎、学堂在线等，提供了一个平台，让学生可以与其他学习者进行交流和讨论，分享他们的学习资源和心得。这种社区学习模式鼓励学生自主地寻找和分享信息，进一步增强他们的自主学习能力。

信息技术为学生提供了自主学习的环境和资源，有助于提高他们的学习自主性，这对于他们的个人发展和职业发展都具有重要的意义。

三、信息技术在职业导向英语教学中的具体应用案例

（一）线上线下混合教学模式

线上线下混合教学模式，又称为混合式教学、融合式教学或混合学习，是一种将传统面对面授课（线下教学）和在线教学（线上教学）相结合的教学方式。在这种教学模式下，学生将在课堂上和线上进行学习活动，通过利用信息技术和

在线学习平台，融合两种教学方式的优势，提供更灵活和多样化的学习体验。

基于职业导向的高校英语混合教学模式的实施过程可以分为以下几个步骤：

1.教学目标设定

教师需要根据职业导向确定教学目标，例如提升学生的商务英语沟通技巧、培养学生的跨文化交流能力等。

2.教学内容选择与设计

根据教学目标，教师需要选择和设计教学内容。例如，如果教学目标是提升学生的商务英语沟通技巧，那么教学内容可能包括商务信函写作、商务谈判等。

3.线上学习平台建设

教师需要在网课平台（如网易云课堂、中国大学慕课等）上发布录播视频和教学材料，使学生能够在线上自主学习。

4.线下互动活动组织

同时，教师也需要组织线下的互动活动，如小组讨论、角色扮演等，以促进学生的互动学习和实践操作。例如，他们可以模拟商务谈判，进行角色扮演；或者以小组形式，讨论如何解决某个职业问题，如项目管理、客户服务等。

5.教学效果评估

教学效果评估是混合教学模式中的重要环节，用于检查学生是否达到了教学目标，并为教师提供反馈和改进教学策略的依据。在混合教学中，教学评估可以包括线上和线下两个方面：

在线上教学平台上，教师可以设置在线测验和考试，用于检查学生对课程内容的掌握程度和理解程度。学生也可以通过在线平台提交作业，教师对作业进行批改并提供反馈，或者通过线上讨论和互动，教师可以观察学生在课程内容上的参与度和表现。

在传统的线下授课中，教师可以观察学生在课堂上的参与和表现，以评估学生对课程内容的理解和掌握程度。或者通过检查学生提交的作业和小组活动的表现，了解学生的学习进度和成绩。

6.持续改进

根据教学效果评估的结果，教师需要对教学策略进行持续改进，以更好地达到教学目标。

（二）虚拟现实和仿真技术在实践课程中的应用

虚拟现实和仿真技术在基于职业导向的英语实践课程中为学生提供了更加真实和身临其境的英语实践体验。这些技术可以模拟各种职业场景和情境，让学生在虚拟环境中运用英语进行实践，提高英语交际能力和职业技能。以下是虚拟现实和仿真技术在基于职业导向的英语实践课程中的主要应用：

虚拟职场交际：通过虚拟现实技术，学生可以进入虚拟职场环境，扮演不同职业角色，并与虚拟同事、客户或合作伙伴进行英语交际。这样的实践可以帮助学生更好地应用专业英语词汇和表达方式，提高职场沟通能力。

商务会议模拟：在商务英语课程中，可以利用虚拟现实技术模拟商务会议场景。学生可以参与虚拟商务会议，进行角色扮演和讨论，练习商务谈判技巧和团队合作能力。

专业演讲实践：通过虚拟现实技术，学生可以进行专业演讲实践。他们可以在虚拟舞台上进行演讲，模拟面对观众的情境，提高演讲技巧和自信心。

职业面试模拟：虚拟现实和仿真技术可以用于模拟职业面试场景。学生可以在虚拟面试中练习回答问题、展示个人优势，并接受虚拟面试官的反馈和评估。

跨文化交际实践：对于涉及跨文化交际的职业导向英语课程，虚拟现实技术可以创造各种文化背景下的情境，帮助学生适应不同文化环境，增进跨文化交际能力。

通过虚拟现实和仿真技术的应用，学生可以在虚拟环境中进行大量实践活动，提高英语实际运用能力，并在安全和受控的情境下积累职业经验。这种身临其境的学习体验可以激发学生的学习兴趣，增强学习动力，并为将来进入职业领域做好充分准备。同时，教师也可以通过虚拟实践中的表现，为学生提供针对性的指导和反馈，帮助他们不断提高英语实践能力。

（三）人工智能在英语教学中的应用

人工智能（Artificial Intelligence，简称 AI）是一种模拟和模仿人类智能的科学和工程领域。它是计算机科学的一个重要分支，旨在使计算机系统能够模拟人类的思维和学习能力，以便执行类似于人类的任务和决策。人工智能通过使用复杂的算法、模型和数据分析，使计算机能够进行自主学习、推理、感知、理解语言、解决问题、规划和决策等智能行为。人工智能的应用十分广泛，涵盖医疗保健、金融、交通、教育、娱乐等各个领域。

人工智能在基于职业导向的英语教学中的应用，为教学提供了新的可能性，可以提供个性化学习体验，以及实时反馈，帮助学生提高英语技能。

1. AI 辅助的个性化学习

AI 可以通过分析学生的学习数据，了解他们的学习习惯和能力水平，从而提供个性化的学习资源和策略。例如，猿辅导开发的 AI 教育产品，可以根据学生的学习进度和水平，提供适合他们的学习材料和练习，实现个性化学习。

2.AI 提供的实时反馈

AI 还可以为学生提供实时反馈，及时纠正他们的错误。例如，百度的 AI 英语教学产品，可以实时评估学生的口语发音，指出他们的发音错误，帮助他们改正。

3.AI 驱动的职业导向学习

AI 还可以模拟真实的职业场景，让学生在实践中学习英语。例如，有些 AI 教学产品可以模拟商务会议、客户服务等场景，学生可以在这些场景中练习英语听说读写的能力，提高他们的职业英语技能。

四、面临的挑战和可能的解决策略

（一）教师和学生的技术准备问题

引入信息技术和人工智能等新的教学工具，需要教师和学生都有相应的技术准备和技能。然而，不是所有的教师和学生都熟悉这些技术，这可能会影响到教学的实施。高校可以定期组织教师和学生的技术培训，以提高他们的技术能力。另外，也可以提供技术支持和在线帮助，以解决教师和学生在使用技术时遇到的问题。

（二）教学内容和方法的改革

应用信息技术和人工智能在英语教学中，需要改变传统的教学内容和方法。然而，这可能需要一定的时间和资源。高校可以鼓励和支持教师进行教学创新，比如提供研究资金，进行教学研究，分享教学经验等。另外，也可以通过与其他高校和教育机构合作，共享教学资源和经验，共同推动教学改革。

（三）评价体系的创新

新的教学模式需要新的评价体系。传统的测试和评分方式可能无法全面评估学生的英语能力和职业技能。教师可以尝试使用多元化的评价方式，比如项目评价、自我评价、互评等。同时，也可以使用信息技术和人工智能进行学生学习的追踪和评估，以了解学生的学习进度和效果。

总之，尽管我们在应用信息技术和人工智能进行职业导向英语教学时会遇到一些挑战，但通过实施有效的解决策略，我们可以将这些挑战转化为推动教学改革和发展的动力。

第二节　培养学生终身学习能力的策略

在全球化的背景下，英语作为一门国际通用语言，对于高校毕业生的职业发展至关重要。高校英语教学不仅需要注重学生的语言知识和交际能力，更要培养学生终身学习的能力。终身学习的能力是指学生具备自主学习、持续学习和适应学习的能力，使他们能够在职业生涯中不断适应新的挑战和需求，实现自身的职业成长与发展。

一、终身学习能力的概念和重要性

终身学习能力是指一个人在学习过程中培养的一种持续学习、不断适应和更新知识、技能和能力的能力。它强调学习不仅仅是在学校阶段的活动，而是贯穿一个人一生的过程。终身学习不受时间、年龄、职业和环境的限制，是一个持久、积极和不断发展的学习态度和习惯。

终身学习能力是现代社会中一个重要的素养和竞争力，它不仅有助于个人的职业发展和成功，更是实现个人自我价值和全面发展的关键。它的重要性体现在以下几个方面：

1.适应不断变化的社会

在现代社会，终身学习能力对于个人的职业发展和适应不断变化的社会环境至关重要。社会的快速发展和科技的不断创新使得知识和技能的更新速度迅猛，许多行业和职业的需求都在不断变化。因此，仅仅依靠过去学习的知识和技能已经不再足够，学生和职场人士都需要不断学习和提升自己的能力，以适应这种快速变化的社会。

终身学习的能力使个人能够及时学习新的知识和技能，跟上社会和职业的发展步伐。这样的能力让个人具备持续学习的意识和习惯，能够主动获取并应用新的知识和技能，不断拓展自己的知识面和能力范围。比如，对于从事信息技术行业的人员，他们需要了解最新的编程语言、软件开发工具等技术，以应对日新月异的技术变化；而在医疗行业，医护人员也需要不断学习最新的医疗知识和技术，以提供更好的医疗服务。

2.提高职业竞争力

终身学习的能力是提高个人职业竞争力的重要因素。持续学习和提升自己的知识水平、技能和领导力，让个人在职场上具备适应性、问题解决能力和广泛的职业选择，同时增强自信心和竞争心理，使个人能够在激烈的职场竞争中脱颖而出，获得更好的职业机会和晋升空间。因此，每个人都应该认识到终身学习的重要性，不断投入学习和提升自己，以提高职业竞争力，在职场中取得更好的发展。

3.拓展个人发展空间

终身学习的能力让个人不断学习、进步和成长，开拓了个人发展的无限空间。随着知识和技能的积累，个人能够在职业上不断拓展自己的领域和深度，拥有更多的发展机会和选择。无论是在职场还是在生活中，持续学习的个人都能够不断挖掘自己的潜力，实现自我价值的持续提升。

4.增强问题解决能力

终身学习能力培养了个人的批判性思维和问题解决能力。在学习的过程中，个人需要不断面对各种挑战和难题，通过分析、推理和判断，找到解决问题的有效方法。这样的能力在职业和生活中都显得尤为重要，能够让个人独立思考，勇于面对困难，迎接各种挑战。

5.改善学习能力和效率

终身学习不仅让人不断获取新的知识和技能，还培养了个人改进学习方法和策略的意识。个人在学习的过程中会不断反思和总结，找到适合自己的学习方式，提高学习效率和学习质量。这种能力让个人能够更加高效地学习，更快地掌握新知识，为个人的发展提供了更坚实的基础。

6.提升生活质量

终身学习让个人保持好奇心和求知欲，拓展兴趣爱好，丰富个人生活。通过学习各种知识和技能，个人可以参与更多有意义的活动，拓展自己的兴趣爱好，丰富自己的生活。这样的积极生活态度让个人更加积极向上，拥有更加丰富多彩的生活，提升了生活的质量和幸福感。

7.实现个人成就

终身学习能力帮助个人实现自我目标和职业梦想。通过持续学习和不断进步，个人能够追求卓越，在职业和生活中取得更大的成就和成功。不论是在专业领域还是在个人生活中，持续学习的个人都能够实现自我价值的最大化，追求自己的梦想和目标。

二、终身学习能力与基于职业导向的英语教学的关联

终身学习能力是一种持续发展和学习新知识、新技能的能力，这对于适应快速变化的职业环境，以及在个人的职业生涯中持续成长是非常关键的。基于职业导向的英语教学就是以学生未来的职业发展为导向，通过培养其实际的英语应用能力，帮助学生将所学知识和技能转化为在职业中的实际应用。这两者之间的关联表现在以下几个方面：

第一，适应职业发展的需要。终身学习能力可以帮助学生适应职业发展的需要，对新的职业趋势、技术和知识保持敏感。基于职业导向的英语教学则可以培养学生的实际英语应用能力，帮助学生在未来的工作中有效地使用英语。

第二，促进知识和技能的转移。终身学习能力促进了学生在不同的学习场景和实际工作中对知识和技能的转移。基于职业导向的英语教学可以通过提供真实或模拟的职业情境，让学生在实践中学习和应用英语。

第三，培养学习策略。终身学习需要学生掌握有效的学习策略，包括自我管理、批判性思维、问题解决等。而基于职业导向的英语教学可以提供丰富的学习任务和问题，鼓励学生实践这些学习策略，培养他们的独立解决问题的能力。

第四，强化学习动机。基于职业导向的英语教学通过将学习内容和学生的职业目标联系起来，可以增强学生的学习动机。这种内在的学习动机是推动终身学习的重要因素。

因此，终身学习能力与基于职业导向的英语教学是相互支持和促进的，一方面，终身学习能力为学生提供了持续适应和发展的能力，另一方面，基于职业导向的英语教学为学生提供了实际应用知识和技能的场景和机会。

三、培养学生终身学习能力的策略

（一）学生自主学习能力的培养策略

1.学习目标的明确与规划

教师需要引导学生明确个人的学习目标，使之与其职业发展目标相符合。通过规划具有挑战性的学习任务，鼓励学生主动学习，提升自我管理和计划能力。

2.提供学习资源与平台支持

学校和教师应提供丰富的学习资源，如专业的在线学习平台（如"学堂在线"或"网易云课堂"）以及各类专业书籍，使学生有足够的资源来支持他们的自主学习。

3.鼓励学生自主探索和解决问题：教师可以设计一些需要学生自我探索和解决问题的任务，例如研究报告、项目作业等，以此来培养他们的独立思考和解决问题的能力，同时也能锻炼他们在未来职业生涯中处理复杂问题的能力。

4.设计自主学习任务和项目

在课程设计中，教师可以结合职业导向设计一些自主学习任务和项目。例如，让学生模拟真实的职业场景，进行角色扮演，或者设计一些与职业相关的研究项目，这将使学生有机会将课堂所学与实际工作相结合，提高其职业技能和实践能力。同时，这也能让学生看到自我学习的价值，从而提高他们的学习积极性和终身学习的动力。

（二）学习动机的激发策略

1.创设积极的学习氛围

一个积极、开放和包容的学习环境能够激发学生的学习兴趣和主动性，促进他们的自主学习和探索精神。在基于职业导向的英语教学中，营造这样的学习氛围尤为关键，因为学生需要在实践中积累丰富的知识和技能，以适应未来职业发展的需求。

首先，教师在课堂中起到了关键的作用。教师应该是学生的学习引导者和鼓励者，鼓励学生敢于表达自己的观点和想法。他们可以利用启发性问题、小组讨论、角色扮演等活动，激发学生的学习兴趣和思考能力。教师还应该尊重学生的个性差异，给予他们足够的自主权，让他们在学习中感受到成长和进步的快乐。

其次，学习环境的创设需要充分利用信息技术工具和资源。多媒体教具如投影仪、交互式白板和教学软件，可以将丰富多彩的图片、视频和声音融入课堂，使学习更加生动有趣。虚拟现实和仿真技术能够提供真实的职业场景，让学生在模拟的环境中进行实践和训练。这些技术的应用可以激发学生的学习兴趣，增强他们的学习体验。

另外，教师还可以鼓励学生参与学科竞赛、社会实践和志愿服务等活动，拓宽学生的视野和知识面。参与这些活动可以让学生在实践中学习和应用英语，增强他们的综合素质和职业能力。同时，教师还可以邀请行业专业人士或成功人士来校分享经验，让学生了解职业发展的现状和前景，激励他们树立正确的职业目标和追求。

2.引导学生设立个人学习目标

学生的主动性和动力在很大程度上来自他们对未来的期望和目标。作为教师，引导学生根据他们的职业发展需求和个人兴趣设定学习目标，是非常重要的一项任务。只有让学生明确自己的学习目标，并且这些目标具有挑战性和实际可达成性，才能激发他们的学习动力和热情。

第一，教师可以通过与学生进行沟通和了解，了解学生的兴趣、特长和职业发展规划。了解学生的个性和兴趣爱好，可以帮助教师更准确地为他们制定学习目标，使学习内容更加符合学生的需求。同时，教师还可以引导学生认识到他们的优势和潜力，鼓励他们在学习中发挥所长，不断提高自己的能力和水平。

第二，教师可以向学生介绍与他们职业目标相关的学习和发展路径。通过了解不同职业的要求和特点，学生可以更清楚地知道自己应该学习什么，以及怎样去学习。教师可以为学生提供职业规划指导和信息，帮助他们规划未来的学习和职业发展。

第三，教师可以帮助学生设定具有挑战性的学习目标。学习目标应该既具有挑战性，能够激发学生的学习热情和求知欲，又应该是实际可达成的，让学生有信心和动力去完成。教师可以帮助学生分解目标，设定短期和长期的学习目标，让学生逐步实现自己的梦想。

第四，教师还应该定期与学生进行学习目标的评估和反馈。学习是一个不断调整和完善的过程，教师可以通过定期的学习目标评估，了解学生的学习进展和困难，及时提供帮助和支持，让学生在学习中不断成长和进步。

3.提供多样化的学习体验

通过不同形式的学习体验，学生能够更加全面地了解学习内容和职业发展，激发他们对学习的兴趣和动力。

首先，项目学习是一种重要的多样化学习体验方式。通过参与项目学习，学生可以将知识应用于实际情境中，培养解决问题和合作交流的能力。例如，在英语课堂上，学生可以组成小组，共同完成一个关于职业导向的项目，如模拟商务谈判、设计一个职业规划方案等。通过项目学习，学生不仅可以深入学习相关的知识和技能，还可以培养团队合作和领导能力，为未来的职业发展打下坚实基础。

其次，团队合作也是提供多样化学习体验的有效方式。学生在团队合作中可以学会倾听和尊重他人的意见，学会分工合作和协调沟通，这些都是未来职业中必备的能力。教师可以通过组织小组活动、角色扮演等形式，鼓励学生积极参与，增强他们的团队合作意识和技巧。

此外，实地考察也是丰富学生学习体验的有效途径。通过走出课堂，亲身参观实践，学生可以更加直观地了解不同职业的特点和工作环境。例如，学生可以参观企业、医院、科研机构等，了解不同职业领域的工作内容和要求。实地考察可以激发学生对职业的兴趣和好奇心，帮助他们更准确地选择未来的职业方向。

最后，利用信息技术工具和资源也是提供多样化学习体验的重要手段。教师可以利用互联网、在线课程、虚拟实验等资源，丰富学生的学习内容，拓宽他们的学习视野。通过信息技术的应用，学生可以跨越时空限制，接触到丰富多样的学习资源，激发他们对学习的热情和好奇心。

4.鼓励学生参与实践和社会实践

实践活动可以让学生在真实的环境中运用知识和技能，加深对学习内容的理解和掌握，同时也能增强学生的学习动机和学习意义感。

首先，学校和教师可以为学生提供丰富的实践机会。实践活动可以包括学校内的实习和实验，也可以包括学校外的社会实践和志愿服务。例如，在英语课堂上，学生可以进行英语角活动，与外国人交流英语，提高口语表达能力。在社会实践中，学生可以参与到社区服务活动中，帮助他人解决实际问题，提升社会责任感。

其次，结合职业导向，让学生在实践中了解和体验各种职业是非常重要的。学校和教师可以组织学生参观企业、医院、学术研究机构等，让学生亲身感受不同职业的工作环境和要求。学生还可以参与到实际的职业实践中，如参加企业的暑期实习，了解职业的具体操作和技能要求。通过这样的实践体验，学生可以更准确地了解不同职业的特点和职业生涯规划，为未来的职业发展做好准备。

最后，教师在实践中的引导和指导至关重要。教师可以通过实践活动的前期准备和后期总结，帮助学生将实践经验与学习内容进行关联，提炼出有益的教训和体会。教师还可以给予学生实践中的指导和反馈，帮助他们发现问题、改进表现，不断提高职业技能和综合素质。

（三）学习策略的培养策略

1.教授学习技巧和方法

教师应教授学生如何有效地学习，包括如何制定学习计划，如何高效地记忆和复习，如何进行深度学习等。这些学习技巧和方法将帮助学生提高学习效率，降低学习难度，使他们能够在未来的学习和职业生涯中持续自我提升。

2.鼓励学生多样化学习方式

在学习过程中，每个人都有自己的优势和偏好。教师应鼓励学生尝试和探索多种学习方式，例如，阅读、讨论、动手实践、在线学习等，找到最适合自己的学习方式，以提高学习效果和效率。

3.培养学生批判性思维和问题解决能力

在教学过程中，教师可以设计一些需要学生进行批判性思考和问题解决的任务，如讨论、辩论、案例分析等，以此来培养他们的批判性思维和问题解决能力，这对于他们未来的职业生涯有极其重要的意义。

4.激发学生自主反思和总结：反思是学习过程中不可或缺的部分，可以帮助学生检视自己的学习过程和结果，找出存在的问题和不足，从而不断优化和改进自己的学习策略。教师应引导学生定期进行自我反思和总结，提高他们的自我监控和自我调整能力。

（四）学习环境的优化策略

1.构建积极的学习氛围和学习社群

教师应通过多种方式构建积极、鼓励探索的学习氛围，如激励学生提问，欢迎不同观点的讨论等。此外，教师还可以建立学习社群，让学生有机会与同伴交流、协作，共同学习和进步。

2.提供适应性的学习环境与资源：教师应依据学生的不同需求和能力，提供适应性的学习环境和资源。例如，为初学者提供基础学习资料，为有一定基础的学生提供深入的学习资源。

3.整合学习资源和实践机会：教师应充分利用现有的学习资源，如图书、网站、在线课程等，并鼓励学生利用这些资源进行自我学习。同时，教师应尽可能提供实践机会，如实习、项目等，让学生在实践中加深对知识和技能的理解。

4.培养学生合作与团队精神：在课程设计和教学活动中，教师可以设计一些需要团队合作的任务，通过这些任务培养学生的团队协作能力，让他们了解和体验团队合作的重要性。这不仅有助于他们的学习，也有利于他们未来的职业发展。

第三节　校企合作的机遇与挑战

一、校企合作的背景和现状

（一）高校英语教学面临的新要求与期待

在 21 世纪的全球化背景下，高校英语教学的目标已经从传统的语言技能训练转向更为综合的职业素质和技能培养。尤其在企业高度发展和国际竞争激烈的今天，更加需要有一批具备强烈的创新精神和国际视野，同时能够掌握专业知识并能灵活运用的高素质复合型人才。因此，对于高校英语教学，社会、企业、学生等各方的期待也随之提高。他们希望通过高校英语教学，学生不仅能够掌握英语语言，而且能够将英语与所学专业知识相结合，以满足未来工作中的实际需求。

（二）高等教育与企业间的关系发展及现状

在过去的几十年中，高等教育和企业之间的关系发生了重大变化。这种关系的发展主要是由于社会经济环境的变化以及对高等教育目标和质量的不断提高的要求。

在过去，高等教育和企业间的关系较为疏远，两者的合作主要集中在科研项目上。但随着全球化和知识经济的发展，企业越来越需要拥有专业技能和创新能力的高素质人才，这使得企业开始更加关注高等教育的质量和方向。

另一方面，高校也意识到，为了提高教学质量和学生的就业能力，必须更加紧密地与企业合作，了解企业的需求，对教学内容和方法进行改革和创新。

现状上，校企合作已经从单纯的科研项目合作扩展到课程设计、实践教学、就业指导等多个领域。一方面，企业参与到课程的设计和开设中，使得教学内容更加贴近实际，能够更好地满足企业的需求；另一方面，学校通过与企业的合作，提供了丰富的实践教学机会，帮助学生将理论知识转化为实践技能，提高了学生的就业竞争力。同时，随着信息技术的发展，线上的校企合作也越来越普遍。企业可以通过线上平台提供实习机会、进行招聘活动，学校也可以通过线上教学平台与企业共享资源，实现资源的优化配置。

校企合作也面临着诸多挑战。如何实现双方的共赢，如何维持长期稳定的合作关系等，都是需要探讨和解决的问题。因此，校企合作不仅需要双方的积极参与，也需要相关政策的支持和指导，以推动高校英语教学改革的深入进行。

二、校企合作的机遇

（一）企业资源对高校英语教学的支持与促进

企业资源是高校英语教学的重要支持和促进力量。首先，企业能够提供学生真实的商务英语环境，让他们置身于职场实际场景中。在实习和实践活动中，学生可以与真实商务场景接触，与来自不同国家和文化背景的同事交流，从而增强跨文化交际能力。例如，在跨国企业的实习中，学生需要用英语与国外同事沟通，处理实际业务问题，这将帮助他们更好地运用所学的英语知识。

其次，企业提供的实践机会使学生能够在实际工作中运用和体验所学的英语知识和技能。这种实践性的学习方式远比传统教室内的课堂教学更具有效性。通过实际操作，学生能够更深刻地理解英语的实际应用，并将理论知识转化为实际技能。例如，学生在企业实习中参与英文商务会议，与客户进行商务谈判，这将帮助他们在实际情境中提高口语表达和谈判技巧。

最后，企业资源还包括前瞻性的行业资讯和专业知识。企业通常紧跟行业最新发展和趋势，他们的专业知识和实践经验对学生的英语学习有很大的启发作用。通过与企业进行合作，学生能够了解到当前行业的最新动态和专业术语，从而使学习更加贴近实际应用。例如，与互联网企业合作的学生可以了解到互联网行业的新兴词汇和技术，从而提前掌握行业前沿信息。

（二）基于职业导向的英语教学模式的发展

基于职业导向的英语教学模式的发展是在企业与高校深度合作的背景下逐渐形成的一种全新教学范式。这种模式跳脱传统教学的束缚，注重学生的实际需求和职业发展，旨在提高英语教学的实用性、针对性和灵活性，从而满足企业的实际需求，同时提升学生的就业竞争力。

在这一模式下，教学内容将更加贴近实际职场需求。教师会结合企业合作伙伴的反馈和要求，调整教学内容，注重培养学生在职业场景中所需的语言技能，如商务交流、专业术语、跨文化沟通等。通过实际案例和模拟情境的教学，学生能够在课堂上学到与职场密切相关的知识和技能，更好地应对未来工作中的挑战。

此外，基于职业导向的英语教学模式强调学生的实践能力培养。学生将有机会参与企业实习、项目合作等实践活动，通过亲身体验职场生活，加深对所学知识的理解和运用。这样的实践教学不仅能增强学生的职业意识和职业素养，还能提高他们在实际工作中的适应能力和解决问题的能力。

灵活性是基于职业导向的英语教学模式的又一特点。教师会根据不同学生的个性化需求和职业方向，灵活调整教学方法和教学内容，使教学更加个性化和精准化。同时，教师还会积极引导学生主动参与学习，培养他们的自主学习能力和学习动力，让学生在自主探索中发现更多学习的乐趣。

总体来看，基于职业导向的英语教学模式的发展是高校英语教育与企业合作的成果。这种模式使教学更加贴近实际职场需求，培养学生的实践能力和综合素质，增强他们在职业发展中的竞争力。同时，这种模式也促进了高校与企业的深度融合，推动了教育和产业的共同发展。

（三）提升学生就业竞争力与未来职业素养

校企合作为学生提升就业竞争力和未来职业素养提供了宝贵机会。通过与企业的深度合作，学生可以亲身感受企业的实际工作环境，了解职业岗位的要求和挑战。这种实践经历不仅能够增强学生的职业素养，还能提高他们在就业市场中的竞争力。

首先，校企合作让学生有机会接触真实的职业环境，了解企业的运作模式和业务流程。通过与企业员工互动，学生能够学习职场礼仪、沟通技巧、团队合作等职业素养，这些都是在职场中必备的软技能。在实践中，学生还能学会适应工作压力、解决问题的能力，提高自身的职业能力。

其次，校企合作为学生提供了未来职业规划的重要参考。通过与企业合作，学生可以了解不同行业的发展前景和就业需求，从而有针对性地进行职业规划。学生可以在实践中发现自己的兴趣和擅长领域，确定自己的职业方向，并针对性地提升所需的技能和知识，为未来的职业发展做好充分准备。

此外，校企合作也为学生提供了丰富的实习项目和就业机会。通过实践经验，学生能够积累丰富的职业经验，增加自己的简历竞争力。同时，企业与学校的合作也为学生提供了更多的就业渠道，使他们能够更容易地找到理想的工作岗位。

（四）促进学生实践能力与创新能力的发展

校企合作在促进学生实践能力与创新能力的发展方面起到了关键作用。学生在实际项目中的参与，使他们不再局限于课堂理论，而是直接面对真实的挑战和问题。这样的实践经验对于学生的成长具有积极的影响。

校企合作让学生有机会在实际项目中运用所学的英语知识和技能。通过与企业合作，学生能够直接参与到企业的实际运作中，与真实的英语环境进行互动。例如，在商务会议中用英语进行交流，或是与外国客户进行合作，这样的实践经验不仅提高了学生的英语口语能力，还加深了他们对英语的理解和应用。

校企合作鼓励学生解决实际问题，锻炼他们的问题解决能力。在实践中，学生可能会面临各种复杂的问题和挑战，需要运用英语知识和创新思维来解决。例如，在国际项目中遇到文化差异引起的沟通障碍，学生需要灵活应对，找到解决问题的方法。这样的实践经历能够培养学生的解决问题的能力和应变能力。

校企合作也鼓励学生进行创新和创造。在实际项目中，学生可能会面对未知的挑战，需要提出新的想法和解决方案。通过创新思维，学生可以找到更加有效和创造性的解决方案，从而提升自己的创新能力和创造力。这样的实践经验不仅有助于学生个人的成长，也对企业的发展和创新起到积极的推动作用。

三、校企合作的挑战与应对策略

（一）企业需求与教学内容的匹配问题

在校企合作中，确保企业需求与教学内容的匹配是至关重要的。企业通常需要学生具备实际应用的技能和知识，而学校的教学内容往往以全面学科知识为主。为解决这一问题，教学方可以采取以下策略：

1. 调整课程设置

根据企业的需求，对课程设置进行调整和优化。可以增加实践性的课程和项目，让学生有机会直接运用所学知识解决实际问题。同时，也可以减少一些过于理论性的课程，将更多时间投入到实践中。

2. 引入行业专家和企业导师

邀请行业专家和企业导师参与教学过程，让他们分享实际工作经验和行业最新动态。他们可以帮助学生了解企业需求和行业趋势，指导学生在实践中掌握所需技能。

3. 实施项目导向教学

引入项目导向的教学方法，让学生通过参与实际项目，学习和掌握所需的技能。这样的教学方法能够更好地培养学生的实践能力和解决问题的能力。

4. 加强与企业的沟通和合作

与企业保持密切的沟通和合作，及时了解他们的需求和要求。教学方可以定期与企业代表开展座谈会或工作坊，听取他们的意见和建议，根据反馈进行相应的调整和改进。

5. 开展实习和实践活动

鼓励学生参与实习和实践活动，与企业进行深度合作。通过实习，学生可以深入了解企业运作和业务，进一步提升实践能力和适应能力。

（二）教师专业能力的挑战与提升

在校企合作中，教师的专业能力是关键因素之一。教师不仅要有扎实的学科知识，还需要了解与企业相关的专业技能和知识，以便更好地指导学生应对实际工作中的挑战。为了应对这一挑战，学校可以采取以下措施来提升教师的专业能力：

1.提供专业培训

学校可以组织专业培训，邀请行业专家和企业导师来进行培训，教师可以学习最新的行业动态和实践经验。此外，还可以通过外出参观企业、实习或实践，让教师亲身体验企业环境和工作，提高教师的实践能力。

2.加强教师团队合作

学校可以组建由不同学科背景的教师组成的团队，促进跨学科合作。这样的团队合作可以让教师相互学习，共同探讨如何将学科知识与企业需求有机结合，提高教学质量。

3.鼓励教师参与实践项目

学校可以鼓励教师参与实践项目或与企业合作研究项目。通过参与实践项目，教师可以了解实际工作中的问题和挑战，提升解决问题和创新的能力。

4.提供资源支持

学校可以提供必要的资源支持，例如教学设备、图书馆资源等，以便教师更好地开展校企合作的教学工作。

5.不断更新教学内容

教师需要与时俱进，不断更新教学内容和方法，使之与企业需求保持一致。学校可以组织教研活动，让教师交流教学经验和教学心得，共同探讨如何更好地将学科知识与实践相结合。

（三）学生参与和学习动机的调动

在校企合作中，学生参与和学习动机的调动至关重要。学校和企业可以采取以下措施来激发学生的学习兴趣和积极参与合作：

1.设置有吸引力的项目

学校和企业可以共同设计一些有吸引力的项目，涵盖不同学科和领域。这些项目可以与实际职业发展和企业需求密切相关，让学生在实践中学习和应用知识，从而激发他们的学习动机。

2.提供实习机会

学校可以与企业合作，为学生提供实习机会。通过实习，学生可以亲身体验企业的工作环境和业务，了解自己所学知识在实际工作中的应用，增强学习的实践性和针对性。

3.组织竞赛和活动

学校和企业可以组织各类竞赛和活动，鼓励学生参与。这些竞赛和活动可以涵盖语言技能、实践能力、创新能力等方面，让学生在竞争中发现自己的潜力和优势，激发他们的学习热情。

4.鼓励学生分享经验

学校可以鼓励学生分享他们在校企合作中的经验和收获。学生的分享可以激发其他同学的兴趣和学习动机，帮助他们更好地理解和认识校企合作的价值和意义。

5.个性化教学和辅导

教师可以采用个性化教学方法，根据学生的兴趣和需求，为他们量身定制学习计划和辅导方案。个性化的教学可以更好地满足学生的学习需求，激发他们的学习动机。

6.给予肯定和奖励

学校和企业可以给予学生积极参与合作的肯定和奖励，例如奖学金、荣誉称号等。这样的肯定和奖励可以激励学生继续努力，进一步提高他们的学习动机。

（四）保障教学质量与评价标准的建立

在校企合作中，确保教学质量和建立评价标准是至关重要的，以保障双方合作的顺利进行和学生的学习效果。为此，可以采取以下措施：

1.共同建立评价体系

学校和企业可以共同协商，建立一套符合双方需求的教学评价体系。该评价体系应包括学生的学习成果、实践能力、职业素养等方面的评估指标，以确保教学目标的实现和培养学生所需的能力。

2.定期教学反馈

学校和企业可以定期进行教学反馈和评估，了解教学过程中存在的问题和不足，并及时调整教学策略和方法。这有助于提高教学质量和满足企业的需求。

3.实施教学质量监控

学校可以建立教学质量监控机制，对校企合作项目进行监督和评估。通过定期的评估和监控，及时发现问题并解决，确保教学质量的稳步提升。

4.学生评价和企业反馈

学生的意见和反馈对于教学质量的改进非常重要。学校可以收集学生的评价意见，并向企业了解学生在实践中的表现和能力。企业的反馈可以帮助学校更好地调整教学内容和方法，以适应实际职业需求。

5.资源共享与协同合作

学校和企业可以实现资源共享与协同合作，共同提高教学质量。企业可以为学校提供实践基地和丰富的职业资源，学校则可以为企业提供优秀的人才和教育培训服务。

四、未来校企合作模式的展望

（一）建立长期稳定的校企合作机制

建立长期稳定的校企合作机制对于校企合作的成功至关重要。首先，学校和企业应当共同明确合作的目标和愿景，并签订长期的合作协议，明确双方的责任和义务。这样的长期协议可以为合作提供持久的保障，使双方能够在未来较长的时间内保持密切的合作关系。

其次，建立定期的沟通交流机制也是非常重要的。学校和企业应当定期召开联席会议或工作会议，共同探讨合作过程中遇到的问题和挑战，并及时进行解决和调整。通过定期的交流，可以增进彼此的了解和信任，加强合作的衔接与配合，从而更好地实现合作目标。

另外，为了确保合作的顺利进行，学校和企业应当共同投入资源，建立合作项目的长效机制。这可以包括共同投资建设实践基地、共同制定教学计划和培训方案、共享教师和专家资源等。通过资源共享，可以最大程度地提高合作项目的效率和质量，为学生提供更好的实践和培训机会。

同时，建立校企合作的评估与反馈机制也是十分重要的。学校和企业应当定期进行合作项目的评估与反馈，了解合作的效果和成效。通过评估和反馈，可以及时发现问题和不足，采取相应的改进措施，提高合作的质量和效益。

总的来说，建立长期稳定的校企合作机制需要双方共同努力和合作。通过签订长期协议、建立定期沟通交流机制、共同投入资源和建立评估与反馈机制，可以确保校企合作的顺利进行，实现优势互补，促进共同发展。这样的合作模式不仅有利于学生的学习和就业，也能为企业提供优秀的人才和技术支持，实现教育与产业的良性互动。

（二）企业参与课程设置与实践项目设计

在未来的校企合作中，企业的参与度在课程设置和实践项目设计中至关重要。

学校应当积极倾听企业的需求和意见，了解市场对人才的需求和行业的发展趋势。在此基础上，对课程进行优化和调整，使其更加符合企业和市场的实际需求。例如，企业可能需要具备特定技能或知识的人才，学校可以在课程中增加相关的专业知识和技能培训，以提高学生的就业竞争力。

学校和企业可以共同合作，将实际的商业项目引入教学，让学生有机会参与到实际的工作场景中。例如，学生可以参与到企业的实际项目中，解决实际问题，应用所学的知识和技能。通过参与实践项目，学生可以提高实践能力、解决问题的能力和团队合作能力，为将来的职业发展打下坚实基础。

当然，企业的专业经验和技术支持也可以为学校提供实践项目的设计和实施提供帮助。学校可以与企业合作，共同设计实践项目，确定项目的目标、内容和实施方式。企业可以提供专业的指导和培训，帮助学生在实践项目中取得更好的成果。

（三）提升教师与学生的参与度与满意度

在校企合作中，教师和学生的参与度和满意度对于合作的顺利进行和效果的实现至关重要。为了提高他们的积极性和满意度，可以采取以下措施。

学校和企业可以通过定期的问卷调查或座谈会，听取教师和学生的意见和建议。了解他们对于合作的期望、需求和困难，从而更好地满足他们的需求。例如，教师可能希望得到更多的培训和支持，以应对校企合作带来的新挑战；学生可能希望获得更多的实践机会和导师指导，以提高实践能力和职业竞争力。

此外，学校和企业可以根据教师和学生的反馈信息，优化校企合作模式和实践项目设计。例如，可以根据学生的兴趣和专业特长，定制不同的实践项目，让学生更加投入和乐于参与。同时，教师也可以根据企业的需求，调整教学内容和教学方法，使教学更加贴合实际需求。

学校和企业还可以提供相应的奖励和激励措施，鼓励教师和学生积极参与校企合作。例如，可以设置奖学金或实习津贴，作为对于优秀学生的奖励；对于优秀教师，可以给予表彰和晋升的机会，以激励他们更加投入合作。

最后，学校和企业可以建立更加密切的沟通和合作机制，加强双方的合作意识和团队精神。例如，可以定期组织教师和企业代表的交流会议，分享经验和心得；也可以组织学生参观企业，了解实际工作环境和职业发展机会。

总之，校企合作不仅是资源的共享，更是一种共建、共创的过程。未来的校企合作模式，应该注重双方的深度融合，携手推动教育改革，共同培养出适应未来社会发展的人才，共同创造出新的教育价值。

第四节　基于职业导向的学生参与和反馈机制

在基于职业导向的高校英语教学中，学生的参与和反馈在此过程中起着关键性的作用。如何构建一套基于职业导向的学生参与和反馈机制，是当前教学改革的重要议题。

一、学生参与在职业导向教学中的作用

职业导向教学是一种以培养学生的职业能力和职业发展为目标的教学理念。它强调将学科知识与实际职业需求相结合，通过教学内容、方法和评价体系的创新，帮助学生发展职业技能、跨学科能力和综合素质，为他们未来的职业生涯做好准备。职业导向教学不仅关注学生的学术表现，更注重培养学生在职业领域的实际应用能力和解决问题的能力。

1. 主动学习者

学生是职业导向教学中的主体，他们需要成为主动的学习者，积极参与课堂讨论、实践项目和团队合作等活动。通过主动学习，学生能够深入了解职业领域的知识和技能，提高自己的学习效果和能力。

2. 职业规划者

职业导向教学鼓励学生进行职业规划和目标设定。学生需要认识自己的兴趣和优势，并结合职业导向教学中所学的知识和技能，制定符合自己职业发展需求的规划。通过参与职业导向教学，学生能够更好地明确自己的职业目标，并为未来的职业发展做好准备。

3. 实践者

职业导向教学强调学以致用，学生需要在实践中运用所学的知识和技能。学生参与实践项目和实习活动，能够提高他们的实际应用能力，增加解决实际问题的经验，使他们在职业领域中更加游刃有余。

4. 自我评价者

学生在职业导向教学中需要不断进行自我评价和反思。他们可以通过对自己的学习和实践进行评估，找出自己的不足和进步，从而更好地调整学习策略和行为，不断提高自己的职业能力。

5. 职业发展者

学生参与职业导向教学后，应将所学的知识和技能应用到实际职业发展中。他们需要不断学习和成长，适应职业领域的发展和变化，为自己的职业生涯做好长期规划和准备。

二、在基于职业导向的英语教学中如何促进学生参与

（一）提高学生对职业导向学习的主观意愿

在英语学习中，学生的主观意愿对他们的学习动力和效果有着重要影响。因

此，提高学生对职业导向学习的主观意愿是非常重要的。首先，可以通过举办职业规划讲座、职业生涯指导等活动，帮助学生明确自己的职业目标，了解所学英语知识在职业生涯中的应用，从而提高他们的学习动力。其次，教师可以结合行业需求和实际案例，将课堂教学与职业生涯规划紧密结合，使学生感受到学习的实用性和必要性，提高他们的学习主观意愿。

（二）激发学生的积极参与

激发学生的积极参与，既需要创建一个积极、活跃的学习环境，也需要实施有效的教学策略。教师可以通过引入互动性强的教学方法，如小组讨论、角色扮演等，使学生在互动中参与到学习中来。同时，鼓励学生对课堂内容提问、发表观点，营造一个开放、包容的课堂氛围。此外，定期举办模拟面试、商务谈判等实践活动，让学生有机会亲身体验职场环境，提高他们的积极参与度。

（三）创新实践项目，增强职业相关的实际操作能力

基于职业导向的英语教学，应注重实践项目的创新和实用性。教师可以与企业合作，设计一些与实际工作密切相关的项目，让学生在实际操作中运用所学知识，增强他们的实践能力和工作技能。例如，可以设计商务英语写作、商业谈判模拟等实践项目，让学生在真实的工作环境中提升自己的专业技能，为将来的职业生涯做好准备。同时，这些实践项目也能让学生看到自己所学习的内容在实际工作中的应用，增强他们的学习动力和参与感。

三、学生反馈的角色和重要性

（一）学生反馈在教学过程中的角色

学生反馈在教学过程中扮演着重要的角色，其意义不仅体现在学生个体的学习进步和满意度上，也对整个教学质量和效果有着深远的影响。以下是学生反馈在教学中的具体表现和重要作用。

首先，学生反馈可以为教师提供学生的学习情况和学习需求。通过定期收集学生的反馈意见，教师可以了解学生对教学内容的理解程度，掌握学生学习的进度和难点，从而及时调整教学策略和方法。例如，如果多数学生对某个知识点存在困难，教师可以在课堂上加强解释和讲解，或提供更多练习题，帮助学生克服难点。

其次，学生反馈是评价教学效果的重要手段。学生的评价可以直接反映教师的教学水平和教学效果。通过收集学生对教学内容、教学方法、教师的教学态度等方面的反馈，学校和教师可以对教学进行全面评估。这些评价结果可以帮助教师发现自身教学的优势和不足，并进行持续改进。同时，学校也可以通过学生反

馈评估教师的教学表现，为教师的培训和聘用提供重要参考。[①]

再次，学生反馈还有助于提升教学质量。当学生的反馈得到认真对待并得到及时回应时，学生会感受到被关注和尊重，从而更加积极参与教学。这种积极参与促进了师生之间的良好互动，增进了学习氛围。同时，教师对学生反馈的认真对待也传递了教师关心学生学习进步的信息，激发了学生的学习动力，从而提高了教学质量。

最后，学生反馈还可以帮助教师更好地了解学生的兴趣和需求，根据学生的兴趣和需求调整教学内容和教学方式，使教学更具吸引力和实用性。学生的反馈也可以促进学校和教师之间的有效沟通，建立更加开放和包容的教学氛围，从而提升整体教学质量。

（二）如何有效获取和使用学生反馈

首先，创造安全的反馈环境非常重要。教师应该营造一个开放、包容、尊重学生意见的氛围，让学生感到他们的反馈是被重视和尊重的。学生需要相信他们的反馈对于教师来说是有价值的，并且不会因为提出意见而受到惩罚或批评。

其次，多样化的反馈方式是必要的。学生个体差异很大，有些学生可能更喜欢通过口头表达来反馈，而有些学生可能更习惯于用书面方式。因此，教师可以采用多种方式，如问卷调查、访谈、观察等，来获取学生的反馈。此外，现代技术的应用也可以通过在线反馈平台或教学评价系统来收集学生意见。

再次，及时处理和回应学生反馈也是非常重要的。一旦教师收到学生的反馈，应尽快进行处理和回应。如果学生提出了问题或建议，教师可以在课堂上进行解答，或者在课后通过邮件或在线平台回复。这种及时的互动会让学生感受到他们的反馈得到了重视，同时也有助于建立师生之间的信任和沟通。

最后，学生反馈应该驱动教学的改进。获取学生反馈的目的不仅在于了解学生的需求和感受，更重要的是通过反馈来调整教学策略，改进教学效果。教师可以根据学生的反馈意见，对教学内容、教学方法、教学组织等方面进行调整和改进，以提高教学质量和学生满意度。

四、基于职业导向的学生反馈机制设计

（一）设计具有职业导向的反馈机制

在设计具有职业导向的反馈机制时，确实需要考虑以下几个方面：

[①]　王笃勤.英语教学策略论 [M].北京：外语教学与研究出版社，2002：69-71.

1. 要结合职业标准和能力模型

不同职业领域有着不同的专业标准和能力要求，因此反馈机制应该明确地结合所涉及行业和职业的标准和能力模型。这样做可以确保反馈的目标明确，符合实际职业需求，帮助学生更好地掌握所需的专业知识和技能。

2. 反馈应包括技能和素质方面的评估

除了对学生专业技能的反馈外，也应该注重对学生职业素质的评估。职业素质包括工作态度、沟通能力、团队合作、创新思维等方面，这些在职场中同样非常重要。通过全面评估学生的技能和素质，可以帮助他们更全面地了解自己的优势和不足，并在职业生涯中更好地发展和成长。

3. 反馈机制应设计为实时、连续性的

随着职业导向教学的实施，学生可能会参与到各种实践项目中。因此，反馈机制应该能够随时捕捉学生在实践中的表现，及时给予反馈。这样的连续性反馈可以帮助学生及时调整自己的学习和实践策略，不断提高自己的能力。

4. 反馈机制应该具有针对性

不同学生的学习需求和发展阶段不同，因此反馈应该根据学生个体的特点和实际情况进行定制。针对性的反馈可以更好地激发学生的学习动力，帮助他们更加专注地学习和实践，并在职业发展中取得更好的成绩。

（二）反馈机制在教学实践中的应用

在教学实践中，职业导向的反馈机制可以通过以下方式应用：

首先，以任务或项目为基础的反馈。教师可以设计一系列与职业技能相关的任务或项目，让学生在实际操作中应用所学知识和技能。在完成任务或项目的过程中，教师可以及时提供阶段性、目标性的反馈。例如，学生可能需要完成一份商务英语报告或参与模拟面试。通过任务或项目的反馈，学生能够了解自己在实际应用中的表现，发现不足之处，并及时改进。

其次，利用技术进行反馈。教育技术在现代教学中扮演着越来越重要的角色。教师可以借助在线学习平台、智能教育软件等工具，更高效、便捷地收集学生的反馈。这些技术可以追踪学生的学习进度、记录学习成绩，并提供个性化、精准的反馈。例如，学生在在线学习平台上完成练习或测试，系统会自动评估他们的表现并提供即时反馈。这种方式不仅节省时间，还能提高反馈的准确性和及时性。

除了以上两种方式，还可以采用面对面的交流方式进行反馈。教师可以定期与学生进行一对一或小组交流，了解学生对课程的感受和理解。通过直接沟通，教师可以更深入地了解学生的学习需求和困难，并针对性地提供反馈和建议。这种面对面的反馈方式有利于建立良好的师生关系，增进学生对教学的参与和投入。

总体而言，职业导向的反馈机制在教学实践中的应用是多样化的。通过以任务或项目为基础的反馈、利用技术进行反馈，以及面对面的交流方式，教师能够更好地了解学生的学习情况和需求，帮助他们在职业发展中不断提高。这样的反馈机制能够激发学生的学习动力，促进他们在职业导向的英语学习中取得更好的成绩。

（三）反馈机制的效果评估

评估反馈机制的效果是确保其有效性和可持续性的重要环节，以下是几种方式进行评估：

1.学生的学习成绩是一个直观且重要的评估指标

通过比较实施反馈机制前后学生的学习成绩变化，可以判断反馈机制是否对学生的学习产生了积极影响。若学生成绩显著提升或者学习进步明显，说明反馈机制对学生的学习效果产生了正面影响。

2.学生的就业情况也是评估反馈机制效果的重要考量

观察学生毕业后的就业情况，包括就业率、就业质量、工作满意度等，可以判断反馈机制是否对学生的职业发展产生了积极促进作用。如果学生就业率较高、职业发展顺利，说明反馈机制有助于提高学生的职业竞争力和就业能力。

3.学生和教师的满意度反映了他们对反馈机制的认可程度

通过问卷调查、访谈等方式，了解学生和教师对反馈机制的感受和意见，可以发现问题和改进不足之处。如果学生和教师对反馈机制持肯定态度，并认为其有益于学习和教学，说明反馈机制在实践中取得了良好的效果。

4.教师对学生的观察和反馈也是评估的重要途径

教师在实施反馈机制过程中可以观察学生的学习态度、学习动力、学习效果等方面的表现，并及时进行反馈和指导。通过教师的反馈，可以更加全面地了解学生在职业导向的英语学习中的表现和进步情况。

总之，基于职业导向的学生参与和反馈机制在提高学生学习动力、实践与理论相结合、提升职业素养、定向教学改进、提高就业竞争力和增强职业规划能力等方面具有重要的作用，有助于学生更好地适应职业发展需求，实现个人成长和职业成功。

参考文献

[1] 武琳.大学英语教学模式与课程建设研究 [M].长春：吉林大学出版社，2016：12-16.

[2] 蔡基刚.中国大学英语教学路在何方 [M].上海：上海交通大学出版社，2012：65-84.

[3] 程晓堂，孙晓慧.英语教材分析与设计 [M].修订版.北京：外语教学与研究出版社，2011：126-128.

[4] 何少庆.英语教学策略理论与实践应用 [M].杭州：浙江大学出版社，2010：27-31.

[5] 杨廷君.大学英语课程建设理论与实践 [M].北京：国防工业出版社，2013：112-116.

[6] 鲁子问，康淑敏主编.英语教学方法与策略 [M].上海：华东师范大学出版社，2008：07.2-25.

[7] 高美云，罗春晖.基于职业能力培养视角的高职英语教学模式改革研究 [M].长春：吉林人民出版社，2018：330-360.

[8] 谢职安.高校英语教师专业发展研究 [M].北京：知识产权出版社，2014：58-104.

[9] 王笃勤.英语教学策略论 [M].北京：外语教学与研究出版社，2002：69-71.

[10] 陈晨，刘梦依.以就业为导向的高校英语课程教学改革探究 [J].产业与科技论坛，2022（5）：133-134.

[11] 张建华，梅彩琴.对基于就业导向的大学英语教学改革模式的探究 [J].农家参谋，2018（2）：154.

[12] 李杨.基于就业导向的高校英语教学改革研究 [J].教育现代化，2017（3）：38-39.

[13] 吴景华.基于就业导向的高校英语教学改革趋向探讨 [J].海外英语，2019（9）：114-115.

[14] 高一虹，赵媛，程英，周燕.中国大学本科生英语学习动机类型 [J].现代外语，2003（1）：28-38.

[15] 张芳芳.以就业为导向的高校英语教学创新策略探析 [J].文学少年，2021（34）：264-266.

[16] 曾大立.就业导向视野下高校英语教学改革发展趋势研究 [J].新丝路（下旬），2016（12）：152.

[17] 陈娟.基于就业导向的高校英语教学改革分析 [J].侨园，2019（6）：77.

[18] 王守仁.在构建大学英语课程体系过程中建设教师队伍 [J].外语界，2012（4）：2-5.